Robert Hughes, nato in Australia nel 1938, vive negli Stati Uniti e dal 1970 è critico d'arte
di «Time». Fra i suoi libri ricordiamo *The
Shock of the New* (1981, edizione aggiornata
1990; trad. it. *Lo shock dell'arte moderna*) e *Noth-
ing if not critical* (1990). *The Culture of Complaint* è apparso per la prima volta nel 1993.
Di Hughes Adelphi ha anche pubblicato nel
1990 *La riva fatale* (1987).

ROBERT HUGHES

La cultura del piagnisteo

La saga del politicamente corretto

ADELPHI EDIZIONI

TITOLO ORIGINALE:
The Culture of Complaint

Traduzione di Marina Antonielli

© 1994 ADELPHI EDIZIONI S.P.A. MILANO

I edizione *gli Adelphi*: maggio 2003

WWW.ADELPHI.IT

ISBN 88-459-1785-1

INDICE

LA CULTURA DEL PIAGNISTEO

A Elizabeth Sifton

PREFAZIONE

Questo libro nasce da un ciclo di conferenze che ho tenuto nel gennaio 1992 presso la Biblioteca Pubblica di New York, sotto gli auspici della Oxford University Press e della Biblioteca stessa. Da vari anni le nebulose questioni della correttezza politica, del «multiculturalismo», della politicizzazione dell'arte e simili si sono spostate dagli ambienti accademici e artistici e dalle riviste culturali alla stampa americana di larga diffusione, generando, nel complesso, più fumo e calore che luce. Ho pensato potesse riuscire interessante, e forse utile, considerarle dal punto di vista di uno scrittore di mestiere, che non è un universitario né un cittadino americano, ma ha un piede nella storia e l'altro nelle arti visive. A questo scopo ho dovuto inoltrarmi in parecchi campi minati della vita sociale, e ragionare su aree non di mia diretta competenza, quali il sistema educativo di un paese in cui non sono cresciuto e la politica di uno Stato dove non ho diritto di voto; ma non me ne scuserò. Dopo ventidue anni negli Stati Uniti, molti aspetti di questo paese mi sembrano ancora alquanto esotici – e anzitutto i rapporti particolarmente esacerbati fra cultura e morale che hanno costituito in gran parte l'argomento delle conferenze, e quindi del libro. Spero che il lettore non interpreti le mie parole come espressione di antiamericanismo, o come gratuita condiscendenza da parte di uno straniero. Dopo l'Australia, l'America è il posto che conosco e amo di più, e ormai provo nei suoi confronti un attaccamento viscerale. Questo, dalle pagine che seguono, dovrebbe risultare chiaro.

Una conferenza di un'ora è breve, al massimo cinquemila parole. Finito il ciclo mi sentivo insoddisfatto, perché avevo toccato tanti temi senza poterli approfondire. Subito dopo, il testo delle prime due conferenze fu condensato in un articolo, *The Fraying of America*, per il numero di «Time» del 3 febbraio. (La terza conferenza è stata pubblicata integralmente dalla «New York Review of Books»; ancora una volta devo ringraziare il suo direttore, e i miei redattori di «Time», Walter Isaacson e Christopher Porterfield, per il loro incoraggiamento ed entusiasmo, e per l'ardua fatica di convertire il discorso parlato in parola stampata). Le reazioni del pubblico sono state tali e tante da indurmi a trattare l'argomento per esteso, e ne è risultato questo libro. Scritto tra la primavera e l'autunno del 1992, contiene numerosi riferimenti a fatti non trattati nelle conferenze originarie, perché ancora di là da venire. Primo fra tutti, la vittoria del Partito democratico di Bill Clinton alle elezioni presidenziali, che per molti versi sono state un referendum su varie questioni menzionate nel mio testo iniziale.

Mi sono stati di grande aiuto gli scambi di idee con altre persone. Non posso nominarle tutte, ma ho un debito particolare verso Arthur Schlesinger (un suo libro recente, *The Disuniting of America*, ha detto, prima e meglio, buona parte di ciò che dico io); verso Gilbert T. Sewell, della «Social Studies Review», che mi ha fatto avere una copia di quel singolare documento che sono *The Portland Baseline Essays*; verso Edward Saïd; verso David Rieff. E, come sempre, verso la mia carissima moglie Victoria Hughes e il suo perfetto buon senso.

CULTURA IN UN CORPO CIVILE LACERATO

I

Poco più di cinquant'anni fa il poeta W.H. Auden riuscì in un'impresa che fa invidia a ogni scrittore: azzeccare una profezia. La profezia compare in un lungo lavoro intitolato *For the Time Being: A Christmas Oratorio*, là dove Erode medita sul compito ingrato di massacrare gli innocenti. D'animo fondamentalmente tollerante, egli ne farebbe volentieri a meno. E tuttavia, dice, se si consente a quel bambino di scamparla,

«Non occorre essere profeti per prevedere le conseguenze ...

«La Ragione sarà sostituita dalla Rivelazione ... La conoscenza degenererà in un tumulto di visioni soggettive – sensazioni viscerali indotte dalla denutrizione, immagini angeliche suscitate dalla febbre o dalle droghe, sogni premonitori ispirati dallo scroscio di una cascata. Compiute cosmogonie nasceranno da dimenticati rancori personali, intere epopee saranno scritte in idiomi privati, gli scarabocchi dei bambini innalzati al di sopra dei più grandi capolavori ...

« L'Idealismo sarà scalzato dal Materialismo ... Sviato dal normale sfogo nel patriottismo e nell'orgoglio civico o familiare, il bisogno delle masse di un Idolo visibile da venerare si incanalerà in alvei totalmente asociali, dove nessuna forma di istruzione potrà raggiungerlo. Onori divini saranno resi a lievi depressioni del terreno, animali domestici, mulini a vento diroccati o tumori maligni.

« La Giustizia, come virtù cardinale, sarà rimpiazzata dalla Pietà, e svanirà ogni timore di castigo. Ogni scapestrato si congratulerà con se stesso: "Sono un tal peccatore che Dio è sceso di persona per salvarmi". Ogni furfante dirà: "A me piace commettere crimini; a Dio piace perdonarli. Il mondo è davvero combinato a meraviglia". La Nuova Aristocrazia consisterà esclusivamente di eremiti, vagabondi e invalidi permanenti. Il becero dal cuore d'oro, la prostituta consunta dalla tisi, il bandito affettuoso con sua madre, la ragazza epilettica che comunica con gli animali saranno gli eroi e le eroine della Nuova Tragedia, mentre il generale, lo statista, il filosofo diverranno zimbello di satire e farse ».

Ciò che Erode antivedeva era l'America degli ultimi anni Ottanta e dei primi anni Novanta. Un paese ossessionato dalle terapie e pieno di sfiducia nella politica formale; scettico sull'autorità e preda della superstizione; corroso, nel linguaggio politico, dalla falsa pietà e dall'eufemismo. Simile alla tarda romanità (e non all'Urbe del primo periodo repubblicano) per la vastità della sua sfera imperiale, la corruzione e la verbosità dei suoi senatori, l'affidarsi alle oche sacre (pennute antenate dei nostri demoscopi e opinionisti di parte) e l'assoggettarsi a senili imperatori divinizzati, dominati da astrologi e mogli dissipatrici. Una cultura che ha sostituito gli spettacoli dei gladiatori, come strumento per sedare le folle, con guerre ultratecnologiche teletrasmesse, che causano massacri enormi e tuttavia lasciano intatto il potere dei satrapi mesopotamici sui loro sventurati sudditi.

A differenza di Caligola, l'imperatore non fa senatore il suo cavallo; lo incarica della tutela dell'ambiente, o lo nomina alla Corte Suprema. A opporsi sono principalmente le donne, perché gli uomini, grazie all'ampia diffusione dei culti misterici, se ne vanno nei boschi ad affermare la propria virilità, annusandosi le ascelle a vicenda e ascoltando le ciance di poeti di terz'ordine sul satiro peloso e umidiccio che alberga in ognuno di loro. Chi brama il ritorno della Sibilla delfica dispone di Shirley MacLaine, mentre un guerriero Cro-Magnon vissuto trentacinquemila anni fa, di nome Ramtha, prende dimora in una bionda casalinga della West Coast, avviando un giro di milioni e milioni di dollari tra seminari, cassette e libri cultuali.

Frattanto gli artisti oscillano tra un'espressività in larga misura autocompiaciuta e una politicizzazione per lo più sterile; e la gara tra istruzione e televisione – tra argomentazione e imbonimento spettacolare – è stata vinta dalla televisione, che in America non era mai scesa a un livello tanto basso. Anche le arti popolari, già meraviglia e delizia del mondo, sono decadute; c'è stato un tempo, a memoria di alcuni di noi, in cui la musica popolare americana era esaltante, struggente, spiritosa, e seduceva gli adulti. Oggi, al posto della cruda intensità di Muddy Waters o della vigorosa inventiva di Duke Ellington, abbiamo Michael Jackson, e da George Gershwin e Cole Porter siamo scesi a musical da analfabeti, che parlano di gatti o della caduta di Saigon. Il grande rock-'n'-roll americano si è supertecnologizzato e, passato nel tritacarne delle *corporations*, è diventato al 95% un prodotto sintetico.

Per i giovani, sempre più, sono le varie forme di spettacolo a stabilire i riferimenti culturali e a creare la « verità » riguardo al passato. Milioni di americani, specie delle giovani generazioni, immaginano che la «verità» sull'assassinio di Kennedy risieda nel film di Oliver Stone, il vivido e menzognero *JFK*, con la sua paranoide elevazione di uno screditato procuratore distrettuale di New Orleans a eroe politico perseguitato da un malvagio e onnipresente apparato militare, che uccise Kennedy per farci restare in Vietnam. Quanti di loro hanno trovato da ridire sulle ripetute dichiarazioni di Stone, che pretende di aver «creato un contro-mito» da opporre alle conclusioni della Commissione Warren? Come se la conoscenza del passato si identificasse con la propagazione di un mito. Una volta le manipolazioni storiche di Hollywood – gli innocui polpettoni su Luigi XV o su Nelson, i pii pistolotti su Gesù – avevano poca importanza. Ma in tempi di docudrammi e simulazioni, quando la differenza tra TV e eventi reali si offusca sempre più – non per caso, ma per deliberata politica dei boss dei media elettronici –, simili operazioni si inseriscono in uno scenario limaccioso e ansiogeno di sospesa incredulità, del tutto assente nella pseudostoria della vecchia Hollywood.

Poi, dato che l'arte induce il cittadino sensibile a distinguere tra artisti di vaglia, artisti mediocri e assolute nullità, e dato che le ultime due categorie sono sempre più numerose della prima, bisogna politicizzare anche l'arte; eccoci dunque ad abborracciare metodi critici per dimostrare che, mentre sappiamo benissimo cosa intendiamo per qualità dell'ambiente, nell'esperienza estetica il concetto di «qualità» è poco più di una finzione paternalistica, intesa a rendere la vita difficile agli artisti negri, alle donne e agli omosessuali – i quali devono essere giudicati in base alla razza, al sesso e alla cartella clinica, e non ai meriti del loro lavoro.

Col diffondersi anche in campo artistico di una lacrimosa avversione all'eccellenza, la discriminazione *estetica* viene tacciata di discriminazione *razziale* o *sessuale*. Su questo argomento pochi prendono posizione, o rilevano che in materia d'arte «elita-rismo» non vuol dire ingiustizia sociale e inaccessi-bilità. La vacca sacra della cultura americana è, at-tualmente, l'Ego: l'«autostima» è inviolabile, sicché ci affanniamo a trasformare le accademie in un si-stema in cui nessuno può fallire. In questo spirito potremmo purgare il tennis dei suoi sottintesi elita-ri: basta abolire la rete.

Poiché la nuova sensibilità decreta che i nostri eroi saranno solo le vittime, il rango di vittima co-mincia a essere reclamato anche dal maschio ameri-cano bianco. Di qui la fortuna di terapie che inse-gnano che siamo tutti vittime dei nostri genitori; che non è colpa nostra se siamo scriteriati, venali o francamente scellerati, perché veniamo da «fami-glie disfunzionali» – e, come si affrettano a precisa-re senza ombra di prove John Bradshaw, Melody Beattie e altri guru del «programma dei dodici pas-si»,* il 96% delle famiglie amcricane è disfunziona-le. Abbiamo avuto modelli imperfetti di comporta-mento, abbiamo sofferto di mancanza d'affetto, sia-mo stati picchiati, o magari sottoposti alle voglie li-bidinose di papà; e se non ne siamo convinti è solo perché ne abbiamo rimosso il ricordo, e tanto più diventa urgente ricorrere all'ultimo libro del ciarla-tano di turno.

Il numero di americani che da bambini hanno su-bìto violenze, e quindi sono assolti da ogni colpa per qualunque cosa facciano, è più o meno pari al nu-mero di coloro che qualche anno fa erano la rein-carnazione di Cleopatra o di Enrico VIII. Così l'ete-re è intasato di programmi-confessione in cui una parata di individui e di loro modelli comportamen-tali, da Latoya Jackson a Roseanne Barr,** si levano

* Programma della Alcoholics Anonymous, poi ricalcato da va-rie organizzazioni terapeutiche e religiose [N.d.T.].
** Attrice e sceneggiatrice, protagonista di una *situation comedy* televisiva [N.d.T.].

a denunciare le colpe vere o immaginarie dei genitori. Non essere consci di aver avuto un'infanzia infelice è, agli occhi di organizzazioni come Recovery, prova lampante di «denegazione»: l'assunto è che tutti l'hanno avuta, e sono pertanto potenziali fonti di reddito. Il culto del maltrattato Bambino-in-Noi ha una funzione molto importante nell'America d'oggi: ci informa che la lagnanza personale trascende l'espressione politica, e che la curva ascendente del narcisismo piagnone non interseca per forza la spirale discendente della vacuità culturale. Così la ricerca del Bambino-in-Noi ha preso piede proprio nel momento in cui gli americani dovrebbero scoprire dove si trovi in loro l'Adulto, e come mai quel trascurato vecchiardo sia sepolto sotto il ciarpame della psicologia pop e della gratificazione a breve termine. Ci immaginiamo un Eden interiore, e vogliamo rintracciarne l'inquilino di prima della Caduta: a ognuno il suo personale buon selvaggio.

Se il Bambino-in-Noi non vi toglie dai guai, lo farà l'abbraccio della redenzione. Si diceva una volta che non ci sono secondi atti nella vita degli americani, ma questo valeva prima che la TV cominciasse a consumarci le cellule mnemoniche. Oggi la vita pubblica in America è costituita in gran parte di secondi atti, ed è diventata una scadente parodia della promessa originaria di un Paese dove chiunque, libero dai fardelli del Vecchio Mondo, poteva ricominciare da capo. Ricordo il malessere che provai quindici anni fa quando Charles Colson, uno dei piccoli furfanti di Washington del periodo Watergate, annunciò dalla soglia del carcere di minima sicurezza di aver visto la luce di Cristo e di essere nato a nuova vita. Certo gli americani non la berranno, pensai. Invece sì. Perfino David Duke dichiarò di essere rinato dal nazismo alla fratellanza in Cristo, e migliaia di persone gli credettero. Manca solo che i familiari di Robert Maxwell dicano ai suoi afflitti banchieri ed ex dipendenti che da ultimo egli tornò sulla retta via, e morì in un maldestro tentativo di autobattesimo per immersione totale. Con tanti lestofanti in fila per purificarsi nel sangue dell'Agnello, non c'è da stupirsi se la povera creatura è un po' palliduccia.

La diffusa rivendicazione del rango di vittima corona la cultura terapeutica, da tempo cara all'America. Mostrarsi forti può celare semplicemente una traballante impalcatura di denegazione, ma essere vulnerabili è garanzia di invincibilità. La doglianza dà potere – anche se è solo il potere del ricatto emotivo, che crea un tasso di sensi di colpa sociali mai registrato in precedenza. Dichiàrati innocente, e ci rimetti la testa. I cambiamenti prodotti da questo andazzo sono visibili ovunque, e tendono curiosamente a far convergere la «destra» e la «sinistra». Prendiamo la forma assunta di recente dal dibattito sulle questioni sessuali, sempre più incentrato sul vittimismo: gli antiabortisti attingono al gergo femminista e chiamano l'aborto «stupro chirurgico» (poco importa che l'atto sia del tutto volontario).

Intanto, la nuova ortodossia del femminismo sta abbandonando l'immagine della donna autonoma ed esistenzialmente responsabile a favore della donna vista come vittima inerme dell'oppressione maschile; trattarla da eguale di fronte alla legge significa aggravare la sua condizione di vittima. Ai conservatori non è parso vero di formulare i loro argomenti negli stessi termini vittimologici, con la differenza che, secondo loro, a produrre vittime è proprio il femminismo, in lega con il fallo opportunista. In *Enemies of Eros* (1990) la scrittrice antifemminista Maggie Gallagher sostiene che «l'uomo sfrutta la donna ogni qual volta usa il suo corpo per trarne piacere sessuale senza essere disposto ad assumersi l'onere della paternità». La donna «può anche acconsentire pienamente, coscientemente, entusiasticamente al proprio sfruttamento, ma questo non cambia la natura dell'operazione». È, quasi alla lettera, l'opinione della femminista Andrea Dworkin: il sesso tra uomini e donne è sempre violenza carnale. «Fisicamente,» scrive questa estremista «la donna durante il rapporto è uno spazio invaso, un vero e proprio territorio occupato, in senso letterale; occupato anche se non c'è stata resistenza, anche se la donna occupata dice: "Sì, ti prego, sì, ancora, ancora!"».[1] Questa visione grottescamente dilatata della violenza personale riduce le donne a vittime senza volontà propria, prive della facoltà di acconsentire come di respingere, meri pupazzi sballottati qua e là dalle ventate ideologiche del fanatismo femminista. «Vedere nel "sì" un segno di autentico consenso» ha scritto Susan Estrich, docente alla Harvard Law School «è fuorviante». Tutto è stupro, fino a prova contraria.

In questo e in una dozzina d'altri modi veniamo creando un'infantilistica cultura del piagnisteo, dove c'è sempre un Padre-padrone a cui dare la colpa e dove l'ampliamento dei diritti procede senza l'altra faccia della società civile: il vincolo degli obblighi e dei doveri. L'atteggiamento infantile è un modo regressivo di far fronte allo stress della cultura aziendale: non calpestarmi, sono fragile. L'accento cade sulla soggettività: le sensazioni che proviamo, anziché ciò che pensiamo o siamo in grado di sapere. I problemi connessi con questo ripiegamento interiore sono stati tratteggiati molto tempo fa da Goethe, in una conversazione con Eckermann: «Tutte le epoche di regresso e di decadenza sono soggettive, ma le epoche di progresso hanno invece un'impronta oggettiva ... Ogni tendenza vitale ... si volge al mondo dall'interno all'esterno, come si vede nelle grandi epoche impegnate in uno sforzo di progresso, che ebbero tutte indole oggettiva».

II

Come ben vide Auden, a questa cultura sono cari i feticci gemelli del martirio e della redenzione. I Puritani si ritenevano, a buon diritto, vittime di una persecuzione, designate a creare uno Stato teocratico le cui virtù trascendessero i mali del Vecchio Mondo e riscattassero così la caduta dell'uomo europeo. Il sublime esperimento radicale della democrazia americana (ed è il caso di rammentare che, sebbene si tenda a considerare l'America perpetuamente giovane, dopo il crollo dei dispotismi la sua forma di governo è più antica e durevole di qualsiasi altra in Europa, più antica della Rivoluzione francese e assai più antica della democrazia parlamentare britannica) consistette nell'infrangere la condizione di vittima coloniale, creando uno Stato laico in cui i diritti naturali dell'individuo si ampliassero senza sosta a vantaggio dell'eguaglianza.

C'è sempre stato un certo attrito fra i residui dell'ideologia puritana, che contempla una gerarchia di virtuosi sotto l'occhio immutabile di Dio, e la successiva concezione rivoluzionaria dell'America settecentesca, che prevede invece un costante sviluppo laico verso l'eguaglianza di diritti insiti nella persona umana e non semplicemente concessi da un governo. Questo attrito sembra non venire mai meno; e lo avvertiamo anche oggi. Lo prevedeva nel 1835 Alexis de Tocqueville, nel suo *De la Démocratie en Amérique*:

« Gli uomini non stabiliranno mai un'eguaglianza che li soddisfi ... Quando l'ineguaglianza è legge comune della società, le ineguaglianze più marcate non colpiscono l'occhio; quando tutto è quasi a un medesimo livello, le più lievi spiccano abbastanza per ferirlo. Sicché il desiderio di eguaglianza diventa sempre più insaziabile quanto più l'eguaglianza è completa ».

Tale era l'opinione di un visitatore venuto dal Vecchio Mondo, tanto vincolato dal pregiudizio di classe da ritenere che l'eguaglianza fosse « legge comune » in un paese ancora schiavista. Non ci sogniamo di condividere il suo altero elitarismo, ma Tocqueville non aveva tutti i torti. Una caratteristica fondamentale dell'America è di tendere a un ideale esistenziale probabilmente irraggiungibile, ma altresì irrinunciabile: eguale diritto alla varietà, a costruire la propria vita come a ognuno par meglio, a scegliersi i compagni di viaggio. Questo è stato sempre un paese eterogeneo, e la sua coesione, poca o tanta che sia, può basarsi soltanto sul rispetto reciproco. Non c'è mai stata un'America quintessenziale in cui tutti avessero lo stesso aspetto, parlassero la stessa lingua, adorassero gli stessi dèi e credessero nelle stesse cose. Anche prima dell'arrivo degli europei, gli indiani non facevano che saltarsi alla gola a vicenda. L'America è una costruzione della mente, non di una razza o di un ceto ereditario o di una terra ancestrale.

So bene che queste cose sono già state dette, ma proprio per la loro evidente verità l'America è sempre parsa meravigliosa agli stranieri come me. Ciò non significa che l'America abbia il monopolio della libertà, o che i suoi modelli di libertà siano esportabili ovunque. Ma si tratta di un credo nato dall'immigrazione, dall'urto di dozzine di tribù che diventano americane nella misura in cui sono capaci di negoziare un reciproco adattamento. Questi negoziati hanno esito alterno, e spesso falliscono: per rendersene conto basta dare un'occhiata alla storia dei rapporti razziali.

È troppo semplicistico dire che l'America è o è stata un crogiolo, ma è altrettanto semplicistico negare che qualcuno dei suoi ingredienti si sia amalgamato. Non c'è metafora che possa rendere giustizia, da sola, alla complessità degli incroci e dei travasi culturali avvenuti in America. La comunità americana non ha altra scelta che quella di vivere prendendo atto delle diversità; ma quando le diversità vengono erette a baluardi culturali ne viene distrutta. Una volta si usava una metafora stantia – «balcanizzazione» – per evocare il frammentarsi di una zona in fazioni, gruppi, piccoli nuclei di potere. Oggi, sul cadavere smembrato della Iugoslavia, dove la morte del comunismo ha scatenato le «diversità culturali» (o, per dirla come sta, le arcaiche idiozie etnico-religiose), vediamo che cosa significasse a suo tempo, e torni ora a significare, quella vecchia figura retorica. Un mondo hobbesiano: la guerra di tutti contro tutti, prigionieri di faide sanguinose e di odi teocratici, la *reductio ad insanitatem* del blando e mite multiculturalismo americano. Quale governo imperiale, quale tirannia asburgica, quale accidioso dominio di *apparatčiki* moscoviti non sarebbe preferibile a una situazione simile? Davanti a questo scenario di orrori, così estraneo all'esperienza americana dal tempo della Guerra di Secessione in qua, oggi abbiamo i nostri conservatori che promettono una «guerra culturale», mentre certi radicali ignoranti concionano di «separatismo». Evidentemente gli uni e gli altri non sanno quali demoni vadano evocando con tanta leggerezza. Se lo sapessero, ammutolirebbero per la vergogna.

Duecentosessanta milioni di individui compongono una sola nazione, ma ciò non significa che essi siano tutti d'una specie, con le stesse credenze e gli stessi costumi. Resta vero che l'America è un'opera collettiva dell'immaginazione il cui farsi non termina mai, e se si spezza quel senso di collettività e di rispetto reciproco la prospettiva dell'«americanità» comincia a sgretolarsi. Se ora si sta logorando, è perché negli ultimi vent'anni la politica dell'ideologia ha indebolito, e in certi casi infranto, la tradizionale propensione americana a trovare l'accordo, a convivere realizzando compromessi pratici per far fronte a concrete esigenze sociali.

Durante gli anni Ottanta queste fratture si sono prodotte con deprimente regolarità su entrambi i lati dell'arena politica americana. Invece di una base d'intesa, abbiamo avuto demagoghi proclamanti che la via dell'americanità virtuosa è una sola: paleoconservatori come Jesse Helms e Pat Robertson, secondo i quali questo paese ha un'unica etica; neoconservatori che fanno del multiculturalismo un babau (come se la cultura occidentale fosse mai stata altro che «multi», vitale grazie al suo eclettismo, alla sua facoltà di felice emulazione, alla sua capacità di assorbire forme e stimoli «stranieri»); spacciatori di correttezza politica che vedrebbero volentieri la doglianza elevata automaticamente a un rango sacrale.

Nella società, come in agricoltura, la monocoltura funziona male. Impoverisce il terreno. La ricchezza sociale dell'America, che tanto colpisce il forestiero, deriva dalla diversità delle sue tribù. La sua capacità di coesione, di trovare un qualche comune accordo sul da farsi, deriva dalla disposizione di quelle tribù a non trasformare le loro differenze culturali in barriere e bastioni insormontabili, a non fare un feticcio dell'«africanità» o dell'«italianità» (che le mantengono distinte), a spese dell'americanità (che invece dà loro un vasto terreno comune). Leggere l'America è come esaminare un mosaico. Se si guarda solo l'insieme non se ne scorgono le componenti, le singole tessere, ognuna di colore diverso. Se ci si concentra sulle tessere, si perde di vista il quadro generale.

Siamo entrati in un periodo di intolleranza, che si combina, come accade talvolta in America, col gusto zuccheroso dell'eufemismo. Questa combinazione dà luogo a episodi che superano i sogni più sfrenati di ogni autore satirico (se in America la satira esistesse ancora; forse è tanto in ribasso appunto perché soppiantata dalla realtà). Prendiamo, per esempio, la battaglia per i diritti delle vittime inscenata di recente al Betty's Oceanview Diner, un ristorante di Berkeley, in California, e narrata con un certo brio saturnino da Nat Hentoff sul «Village Voice».[2]

Là, una mattina del 1991, una cameriera di nome Barbara, che rifiuterà di render noto il suo cognome, vede a un tavolo un giornalista che legge un articolo sulla Dichiarazione dei diritti dell'uomo scritto proprio da Hentoff. Ma l'articolo è pubblicato da «Playboy», sicché Barbara Vattelapesca rifiuta di servirgli la colazione, dicendo di essere «scandalizzata e inorridita», che la sola vista di «Playboy» è una forma vicaria di stupro, di molestia sessuale sul posto di lavoro, di offesa alla dignità delle donne, e via di seguito.

La cameriera e il direttore del locale chiedono al malcapitato giornalista di andarsene, e lui, che voleva solo un panino e magari un succo d'arancia, non uno scontro sui diritti civili, batte in ritirata. Poco dopo, un gruppo di fautori delle libertà civili di San Francisco organizza un comizio al ristorante, con distribuzione gratuita di copie di «Playboy» fornite dall'ufficio stampa del giornale. Segue una controdimostrazione di gruppi femministi, le cui esponenti opinano variamente che la «presenza di "Playboy" in un ristorante danneggia la salute delle donne» e che l'accaduto «non aveva niente a che fare con la libertà di espressione, bensì con il potere, il potere degli uomini bianchi di imporre a chiunque i loro modelli, per quanto umilianti». Se la prima legge della vita aziendale americana è che la zavorra viene a galla, la legge analoga dei discorsi liberazionisti è che l'aria fritta si espande. Negli ultimi tempi l'America, come vedremo, rigurgita di casi in cui qualcuno impedisce a qualcun altro di dire qualcosa, e poi nega che sia in ballo la libertà d'espressione.

La faccenda del Betty's Diner è comica, ma altri episodi lo sono assai meno. Nell'ottobre 1992 il «Village Voice» patrocinò una serata-dibattito alla Cooper Union di New York, sul tema «Può un *liberal* essere contro il diritto all'aborto?». Gli oratori principali erano Nat Hentoff e il governatore della Pennsylvania, Robert Casey, un democratico che tre mesi prima si era dissociato dalla piattaforma uscita dalla Convention newyorkese, favorevole alla facoltà di scelta della donna. Gli argomenti da opporre a Casey non mancavano di certo (come fece poi notare Hentoff, c'è una stridente contraddizione tra l'amorevole rispetto di Casey per i diritti del feto e il suo appoggio alla pena di morte per gli adulti), ma non ci fu modo di esporli: successe che un manipolo di contestatori abortisti, alcuni muniti di distintivi con la scritta «ABBASSO LA LIBERTÀ DI PAROLA», prese possesso della sala e impedì a tutti gli oratori di farsi sentire, provocando così l'aborto del dibattito. In seguito una donna del gruppo, un'arpia appartenente a qualche oscura frangia di sinistra, inneggiò a questa vittoria sua e dei compagni sulla libertà di parola in una lettera al «Village Voice»: «Quando un centinaio di antirazzisti e militanti per la libera scelta della donna mandano a monte il convegno di uno dei maggiori razzisti e sessisti d'America, come abbiamo fatto noi e altri ... è una vittoria di tutti i progressisti». Eccettuati, mettiamo, i progressisti che non credono nel manganello e nel bavaglio, e apprezzano la discussione più degli schiamazzi da camicie brune.

Certe pulsioni, ci accorgiamo, non cambiano, diventano semplicemente sotterranee; c'è un filo diretto che collega la Cooper Union nel 1992, Berkeley nel 1991 e il Massachusetts nel 1670, e aggira la Dichiarazione dei diritti. Un paio d'anni fa, il capo (giovane e negro) della rappresentanza studentesca dell'Università di Stanford lamentava che «noi limitiamo la libertà di parola meno di quanto dovremmo». Esattamente il punto di vista di Jim Inhofe, deputato repubblicano dell'Oklahoma, il quale, più o meno in quel periodo, appoggiò al Congresso l'emendamento contro le offese alla bandiera nazionale, proposto da George Bush, con questa vibrante affermazione: «Viene il momento in cui la libertà di parola non serve i veri interessi della nazione, e noi siamo giunti a quel punto». Paleoconservatori e terapisti della libera espressione si trovano in sintonia: l'unica differenza riguarda quello che vogliono mettere al bando.

Questa atmosfera di gemebonda denuncia ha pesato non poco su lettori e scrittori, e sul modo di interpretare – e insegnare – la scrittura.

Come i nostri progenitori del Quattrocento erano ossessionati dalla creazione di santi e i nostri antenati dell'Ottocento dalla produzione di eroi (da Cristoforo Colombo a George Washington), così in noi c'è l'assillo di individuare, celebrare e, se occorre, fabbricare vittime che abbiano un unico tratto comune: la negazione della parità con la Bestia Bionda dell'immaginazione sentimentale, il maschio bianco eterosessuale benestante.

L'assortimento di vittime disponibile una decina d'anni fa – negri, *chicanos*, indiani, donne, omosessuali – è venuto allargandosi fino a comprendere ogni combinazione di ciechi, zoppi, paralitici e bassi di statura o, per usare i termini corretti, di non vedenti, non deambulanti e verticalmente svantaggiati. Mai, nel corso della storia umana, tante perifrasi hanno inseguito un'identità. È come se i rapporti umani fossero un unico punto dolente, infiammato dalle mille occasioni di recare inconsapevolmente, o di ricevere bellicosamente, un'offesa. Trent'anni fa prese avvio negli Stati Uniti una fase epica del processo di affermazione della dignità umana: il movimento per i diritti civili. Ma oggi (dopo che per più di un decennio il governo ha fatto del suo meglio per ignorare le questioni razziali, quando non cercava di rintuzzare i progressi degli anni Sessanta) l'abituale risposta americana alle disparità è di chiamarle con un altro nome, nella speranza che così spariscano. Questo modo d'agire, come osservava George Orwell nel suo *Politics and the English Language*, devasta la lingua senza smuovere la realtà di un millimetro. Unica salvaguardia, essere concreti:

« Se semplifichi il tuo inglese, ti liberi dalle peggiori follie dell'ortodossia. Non potendo più parlare nessuno dei gerghi prescritti, se dici una stupidaggine la sua stupidità sarà evidente anche a te. Il linguaggio politico – e ciò vale in vario grado per tutte le parti politiche, dai conservatori agli anarchici – è inteso a far sembrare veritiere le menzogne e rispettabile ogni nefandezza, e a dare una parvenza di solidità all'aria fritta. Tutto questo non si può cambiare in un momento, ma si possono almeno cambiare le proprie abitudini ».

III

Orwell scriveva queste parole nel 1946, e restano vere mezzo secolo dopo; anzi, sempre lo saranno. C'è senz'altro di peggio, nella società americana, della moda imperante del linguaggio politicamente corretto, di destra o di sinistra. Ma poche cose sono più assurde, e alla fin fine più controproducenti.

Vogliamo creare una sorta di Lourdes linguistica, dove il male e la sventura svaniscano con un tuffo nelle acque dell'eufemismo. L'invalido si alza forse dalla carrozzella, o ci sta più volentieri, perché qualcuno ai tempi dell'amministrazione Carter ha deciso che lui è ufficialmente un «ipocinetico»? L'omosessuale pensa forse che gli altri lo amino di più, o lo odino di meno, perché viene chiamato «gay» (un termine riesumato dal gergo criminale inglese settecentesco, dove stava a indicare chi si prostituisce e vive di espedienti)? L'unico vantaggio è che i teppisti che una volta pestavano i froci adesso pestano i gay.

Oppure prendiamo «omofobico», uno degli insulti preferiti dagli allarmisti politicamente corretti. Oggi, su venti persone che usano questa parola, sì e no una sa cosa significa. «Omofobia» è un termine clinico che indica un disturbo patologico, un'ossessione causata dal timore fortemente represso di essere omosessuali. Adesso il termine può essere ed è applicato indiscriminatamente a chiunque mostri la minima riserva nei riguardi di un qualsivoglia omofilo, o contesti (per quanto blandamente) le pretese (per quanto estreme) di costui a particolari diritti per il suo gruppo di appartenenza. Negli anni Ottanta certi scrittori americani si sentivano accusare di «antisemitismo» (se non erano ebrei) o di «odio di sé» (se lo erano) perché non aderivano alla linea intransigente del partito Likud in Israele o dei suoi lobbisti a Washington. Chi ha un linguaggio limitato (o un linguaggio al servizio di un programma), nell'impeto della collera ricorre alla parola più emotiva che gli viene in mente: l'esempio principe, oggigiorno, è «razzista», una parola che, come «fascista», evoca tanti piani di indistinta denuncia da aver perso il significato (opinabile) che aveva una volta. Si può essere «razzisti» perché si coltivano stolide teorie di una superiorità fondata sull'assenza di melanina nella cute; o perché si afferma che il reverendo Al Sharpton ha turlupinato New York (è la pura verità) con la fandonia della giovinetta negra Tawana Brawley, violentata da immaginari energumeni bianchi; o perché si nutrono dubbi sull'efficienza del sistema assistenziale; o, nella testa di certuni, per il semplice fatto di avere la pelle bianca.

Se il linguaggio diviene, nell'aggredire, grottescamente turgido, nel difendere si fa timidamente floscio, e cerca parole che non possano recare offesa, seppure immaginaria. Non facciamo fiasco, riusciamo meno bene del previsto. Non siamo drogati, eccediamo nell'uso di sostanze stupefacenti. Non siamo paralizzati, ma affetti da tetraplegia. E la nostra verecondia verbale si spinge oltre la morte: un cadavere, esortava nel 1988 il «New England Journal of Medicine», andrebbe chiamato «persona non vivente». Di conseguenza, un cadavere grasso sarà una persona non vivente portatrice di adipe.

Se questi leziosi contorsionismi inducessero la gente a trattarsi vicendevolmente con maggiore civiltà e comprensione, si potrebbe anche apprezzarli; ma in realtà non sortiscono alcun effetto. I negri, nella parlata educata dei bianchi di settant'anni fa, erano chiamati «gente di colore»; poi diventarono «neri»; ora sono «afroamericani», o di nuovo «persone di colore». Ma per milioni di americani bianchi, dal tempo di George Wallace a quello di David Duke, erano e restano *niggers*, e i cambiamenti di nome non hanno modificato le realtà del razzismo più di quanto gli annunci rituali di piani quinquennali o di «grandi balzi in avanti» abbiano trasformato in trionfi i disastri sociali dello stalinismo e del maoismo. L'idea che si cambi una situazione trovandole un nome nuovo e più gradevole deriva dalla vecchia abitudine americana all'eufemismo, alla circonlocuzione e al disperato annaspare in fatto di galateo, abitudine generata dal timore che la concretezza possa offendere. Ed è un'abitudine tipicamente americana. L'appello al linguaggio politicamente corretto, se trova qualche risposta in Inghilterra, nel resto d'Europa non desta praticamente alcuna eco. In Francia nessuno ha pensato di ribattezzare Pipino il Breve «*Pépin le Verticalement Défié*», né in Spagna i nani di Velázquez danno segno di diventare «*las gentes pequeñas*». E non oso immaginare il caos che nascerebbe se nelle lingue romanze, dove ogni sostantivo è maschile o femminile – e dove per giunta l'organo genitale maschile ha spesso un nome femminile e viceversa (*la polla* / *el coño*) –, accademici e burocrati decidessero di buttare a mare i vocaboli di genere definito.

Nessuna sostituzione di parole è in grado di ridurre il tasso di intolleranza presente in questa o in qualunque altra società. È invece in grado di accrescere quelli che in gergo militare si definiscono limpidamente «danni collaterali in una zona ricca di bersagli»: nella fattispecie, il ferimento di una lingua innocente. Prendiamo l'attacco condotto da un certo sottofemminismo contro tutti i vocaboli aventi come prefisso o suffisso *man*.

Si suppone che le parole con *man* siano di genere maschile, e quindi insultanti per le donne: *mankind* [umanità], per esempio, implicherebbe che le donne non siano esseri umani. Così al posto di *chairman* [presidente, direttore] troviamo l'ingombrante *chairperson* o semplicemente *chair* [sedia], come se lo sfortunato detentore di questa carica avesse quattro gambe ricurve e la spalliera traforata. Poco tempo fa ho ricevuto il manuale del governo australiano per la stesura delle pubblicazioni ufficiali, il quale proibisce, tra l'altro, parole come *sportsmanship* [sportività, fair play], *workman* [operaio], *statesmanlike* [da statista] (il sinonimo suggerito per quest'ultima è «diplomatico» – col che si vuol forse insinuare l'attuale carenza di *statespersons* agli Antipodi, visto che nell'ottobre 1992 il nostro primo ministro Paul Keating ha definito senza mezzi termini i membri del Senato australiano «una marmaglia che non rappresenta nessuno» e «una manica di checche»). Anche *craftsmanship* [abilità artigianale] è messa al bando; l'arzigogolata alternativa è *skill application* [talento applicato]. Fra poco i miei conterranei, indotti dall'esempio americano a escogitare eufemismi dove non c'è ombra di insulto, riscriveranno l'inizio dell'inno australiano così: «Una volta un allegro/a vagabondo/a si accampò presso uno stagno...».

Ma perché tanta agitazione attorno a *man*? Chiunque conosca la storia della lingua inglese sa che nell'antico anglosassone il suffisso -*man* era di genere neutro: aveva, e conserva tuttora, lo stesso significato odierno di «persona», applicabile a uomini e donne senza distinzione. Per denotare il sesso aveva bisogno di essere qualificato: il maschio era chiamato *waepman*, la femmina *wifman*. Questo uso

38

neutro di *man* ci dà forme come *chairman, fisherman, craftsman*, che designano semplicemente persone dell'uno o dell'altro sesso impegnate in una determinata professione o attività. L'antico sopruso sessista che si presume racchiuso in questa parola sin dal tempo di Beowulf si rivela inesistente.[3] Ciò nonostante, esso offre abbondanti occasioni di sfoggiare cavillose virtù di correttezza politica; come nella lettera seguente, in cui una certa S. Scott Whitlow, docente al College of Communications dell'Università del Kentucky, rimbrotta la studentessa Victoria Martin (che ha passato la lettera all'«American Spectator»):

«Cara Victoria,

«alcuni membri della commissione esaminatrice hanno notato nella tua domanda di borsa di studio l'uso improprio della parola *chairman* ... rivolgersi a una donna chiamandola *chairman* è notoriamente improprio, a meno che la donna stessa non abbia espressamente richiesto questo termine limitativo ... Presto, nell'iniziare la tua carriera, tu entrerai nel settore aziendale o in quello dei media. Troverai che anche lì ci si aspetta che le donne non siano rese invisibili da un uso irriflessivo della lingua ... ci sono vari libri che sarei lieta di consigliarti. Se desideri un elenco, ti prego di farmelo sapere».

La cosa più irritante, in questa perla, non è tanto la sciatteria di linguaggio o la burocratica vaghezza («entrerai nel settore aziendale o in quello dei media» – questo, da chi dovrebbe insegnare la *comunicazione*!), e neppure l'uso condiscendente del nome di battesimo di una sconosciuta («Cara Victoria»), ma la senile pedanteria della dama puritana, che cerca con sussiego il pelo nell'uovo.

Ci sono, beninteso, molti nuovi termini e usi che, al loro apparire, parvero pignoleschi o superflui ai tradizionalisti, ma ormai sono indispensabili. Quale scrittore di lettere, grato per il conio di «Ms», che consente di rivolgersi formalmente a una donna senza preoccuparsi se sia signora o signorina, tornerebbe volentieri a dover scegliere tra «Mrs» e «Miss»? E neppure «afroamericano» è del tutto da scartare, anche se non sembra avere spiccati vantaggi rispetto a «negro», salvo la maggiore lunghezza – una qualità lessicale che molti americani scambiano per dignità. Sicuramente la parola «asioamericano», per quanto vaga, è meglio di «giallo», perché almeno è decorosamente neutra, senza quell'aura denigratoria che circonda il vecchio termine: «giallo» evoca un'estraneità radicale, inassimilabile, e suscita i fantasmi alla Fu-Manciù della narrativa razzista ottocentesca (astuta perfidia, nuvole d'oppio, luccichio di occhi a fessura). «Nativo americano» in luogo di «indiano americano» o semplicemente «indiano» parrebbe onesto – salvo l'assurdo sottinteso che i bianchi con progenitori insediatisi qui da tre, da cinque o magari da tutte e tredici le generazioni trascorse dal 1776 siano ancora in certo modo degli intrusi, non «nativi» di questo paese. Quando i bianchi avranno accumulato abbastanza sensi di colpa da autodefinirsi «euroamericani», sarà venuto il momento di far piazza pulita del gergo del divisionismo nevrotico: tutti, gialli, neri, rossi e bianchi, potranno ridiventare, vivaddio, «americani» e basta.

Le parole, comunque, non sono fatti, e la pura nomenclatura non cambia granché. Ha osservato Barbara Ehrenreich:

«Mi piace essere chiamata Ms. Non voglio che ci si riferisca a me dicendo "man". Sono disposta a farne una questione di principio. So però che anche quando tutte le donne saranno Ms, continueranno a ricevere sessantacinque centesimi per ogni dollaro che guadagna un uomo. Le minoranze, comunque le si chiami – gente di colore o che altro – continueranno a essere gravate da un peso enorme di povertà, discriminazione, violenza razziale. L'elevazione verbale non è la rivoluzione».[4]

Non solo non è la rivoluzione: è una manna per la destra. Che ne sarebbe di giornalisti e umoristi come George Will o P.J. O'Rourke, delle firme dell'«American Spectator» e del «New Criterion», senza il flusso inesauribile di melensaggini politicamente corrette proveniente dalla sinistra accademica? Quando mai un movimento nominalmente radicale ha offerto ai suoi avversari una scelta così succulenta di bersagli a buon mercato?

La satira ama appigliarsi a vezzi e affettazioni, e il linguaggio p.c. non è altro che questo: galateo politico, non politica vera. Quando le acque p.c. si ritireranno (come faranno tra breve, lasciando sull'arenile della società la prevedibile schiuma di parole morte), sarà anche perché i giovani, all'università, troveranno seccanti tanti cavilli sull'opportunità delle parole. Gli impulsi fondamentali della gioventù sono generosi, romantici e istintivi, e un'atmosfera di ossessiva censura perbenistica li raggela facilmente. Il vero problema del p.c. non è il «post-marxismo», ma il post-puritanesimo. Il suo peso repressivo non grava sui conservatori dell'università, i quali prosperano, lietissimi che i p.c. diano agli avvinazzati che nella notte del campus berciano «*nigger*» o «lesbicaccia» l'occasione di atteggiarsi a martiri della libertà di parola. Danneggia invece i ragazzi che vorrebbero trovare il modo di esprimere il loro malcontento per come è andata e sta andando l'America, ma scoprono di non poterne parlare tanto liberamente: rischiano di usare la parola sbagliata, suscitando scatti di protesta e sbuffi sprezzanti in chi sta alla loro sinistra. In un mondo accademico dove, a Santa Cruz, un amministratore dell'Università di California può scagliarsi contro frasi come «*a nip in the air*» [un freddo pungente] e «*a chink in* *one's armor*» [un punto debole], perché contengono vocaboli* che *in altre accezioni* esprimono disprezzo razziale, tutto è possibile. E se bandissimo il verbo «infinocchiare», perché offende gli omosessuali? Il dilemma degli studenti si aggrava in quelle università, come Stanford, che hanno creato propri codici verbali. Generalmente questi non provengono dagli allievi, ma sono imposti dai loro superiori, accademici figli del *baby-boom* postbellico, membri, di destra e di sinistra, di una generazione moraleggiante e bacchettona. Come sottolinea Nat Hentoff,[5] questi codici, «tutti così esagerati e vaghi che uno studente può violarli senza rendersene conto», non sempre rispondono a esigenze giovanili:

«Nella maggior parte delle università è il rettorato a istituirli. Se ci sono stati alterchi, scritte murali o lettere anonime di carattere razzista, sessista o omofobico, la direzione ritiene di dover *fare qualcosa*. Il modo più rapido e a buon mercato di dimostrare che la questione le sta a cuore è aver l'aria di reprimere il linguaggio razzista, sessista, omofobico».

Così, in base al regolamento accademico, uno studente può essere punito per reati verbali e infrazioni d'etichetta che fuori dell'università non comportano sanzioni legali di sorta. Questo divario ha radici in una fantasia utopica circa la natura e il ruolo dell'università: che essa sia, o debba essere, un'Arcadia. Ma in pratica questa visione può ostacolare, nello studente, il passaggio dalla condizione di infanzia protetta a quella di responsabile maturità, che non è una condizione arcadica. Come ha osservato nel corso di un dibattito pubblico a Stanford la direttrice (negra) di un college del Colorado, Gwen Thomas:[6]

* *Nip* è anche termine spregiativo per «giapponese», e *chink* per «cinese» [*N.d.T.*].

« Per quanto riguarda la creazione di un ambiente educativo non intimidatorio, nei campus universitari i nostri giovani devono imparare a crescere. Noi dobbiamo insegnargli ad affrontare le situazioni conflittuali, e loro devono imparare a sopravvivere a un linguaggio sgradevole anche se li offende e li ferisce ».

IV

Per la destra americana il politicamente corretto è una pacchia, ma tanta gioia malevola lascia il tempo che trova, e c'è qualcosa di sgradevole nei suoi salti di gioia, nella sua pretesa di rappresentare il linguaggio «reale». Meglio andare a nuoto che salire sulla scialuppa dei p.c., ma chi ha voglia di mettere blazer e scarpe da barca e montare su uno yacht con due motori Buckley da 400 cavalli, impianto stereo Buchanan, bussola Falwell & Robertson, profondimetro Quayle* e pompa di sentina sfasciata, ormai mezzo coricato su un fianco nel Potomac, mentre l'equipaggio litiga su chi ha «veramente» perso le elezioni del 1992?

Perché? Perché la destra è corrosa quanto la sinistra accademica da un'ideologia defunta. Oggi il linguaggio propagandistico, l'eufemismo e l'evasività sono talmente entrati nell'uso americano che at-

---

* James Buckley, senatore repubblicano; Pat Buchanan, giornalista e politico di estrema destra; Jerry Falwell e Pat Robertson, predicatori reazionari; Dan Quayle, ex vicepresidente repubblicano [N.d.T.].

traversano ogni linea politica, ogni spartiacque i-
deologico. L'arte di non rispondere alle domande,
di ricoprire di astrazioni e di zucchero le realtà
sgradevoli, è ormai così endemica a Washington
che non ci aspettiamo niente di diverso; la principale differenza concreta è che adesso, per scrivere i
loro testi, presidenti, membri del Congresso, generali e dirigenti d'azienda assoldano altre persone.
Nelle dichiarazioni degli ultimi due presidenti e dei
loro collaboratori la perdita di realtà dovuta a eufemismi e menzogne ha fatto molti più danni degli accademici benpensanti, anche se non si trovavano lagnanze al riguardo su « Commentary » o sul « New
Criterion ». Come il gergo degli affari ci ha regalato
« ripiegamento del capitale azionario » per il crollo
in borsa del 1987 e « ottimizzazione delle dimensioni aziendali » per i licenziamenti in massa, così la
guerra del Golfo ci ha insegnato che spianare un
posto con le bombe è « occuparsi di un bersaglio » o
« perlustrare una località », e bombardarlo una seconda volta per assicurarsi che non sia sopravvissuto neanche un serpente o un rovo è « perlustrare
nuovamente una località ». Anche le suscettibilità riguardo a pesci e animali in genere ci hanno dato
graziosi eufemismi come *« harvest »* [raccolto] per
« mattanza », e tutto per dar l'idea che la caccia è in
realtà un'attività agricola; le industrie di scatolame
amano far pubblicità sul « raccolto » del tonno, come se i loro lungimiranti dirigenti, avendo a suo
tempo messo a dimora i semi dell'alalunga e dell'al-
bacora, ora non facessero che coglierne i frutti ma-
turi.

Contemplando il crollo del comunismo, articolisti
conservatori hanno parlato di « mondo unipolare »,
che agli occhi di un non americano è un concetto
tardoimperiale di mirabile stolidità; e George Bush
ha annunciato che l'America presiedeva al « nuovo
ordine mondiale ». Questa frase esaltante non si-
gnificava nulla. Bush ha avuto la fortuna di assiste-

re, durante la sua presidenza, alla caduta del Muro di Berlino e al collasso del monolite sovietico, i cui puntelli erano irreparabilmente marciti negli anni di Brežnev. E ha avuto il buon senso di non intervenire, lasciando la liberazione dell'Europa orientale agli europei e ai russi.

Ma al momento non c'è nessun «nuovo ordine mondiale».

Abbiamo, invece, un ingestibile «nuovo disordine mondiale» (cui si intreccia un «solito traffico d'armi»), con il riemergere di tutte le passioni nazionalistiche e gli odi religiosi paralizzati sotto la gelida cappa imperiale sovietica dal 1945 (alcuni, dentro la Russia, dal 1917); i quali, rinvigoriti dalla lunga siesta, si lanciano al massacro, sotto gli occhi impotenti del resto d'Europa e dei pochi americani che si prendono la briga di localizzare Sarajevo sull'atlante.

La destra ha la sua forma di correttezza politica – la «correttezza patriottica», se volete –, intesa egualmente a velare verità sgradite. Anche la destra ha un interesse acquisito a tenere l'America divisa, una strategia che per la comunità civile promette assai peggio di qualunque cosa si possa rimproverare alla debole e circoscritta sinistra americana.

La polarizzazione è assuefattiva. È l'eroina, il *crack* della politica: un breve, intenso «sballo» di cui l'organismo ha un bisogno sempre più imperioso, finché comincia a crollare. In America la divisione esasperata tra «destra» e «sinistra» deriva da una perdita del senso di realtà; non corrisponde più al modo in cui la maggior parte degli elettori reagiscono alla politica e considerano le proprie necessità. Negli anni Sessanta la Nuova Sinistra tendeva a etichettare come fascista ogni conservatore. Negli anni Ottanta la Nuova Destra ha dato del socialista a ogni *liberal*, e l'etichetta ha fatto presa. Data la loro illimitata avversione per tutto ciò che sapesse di New Deal, i reaganiani riuscirono a far passare per marxismo strisciante ogni intervento del governo nella vita economica (eccettuati gli stanziamenti militari). E quando alla fine degli anni Ottanta il marxismo vero crollò, la sua morte venne presentata come una disfatta del liberalismo americano. Per qualche tempo c'è stato un che di biecamente umoristico nello spettacolo di politologi e giornalisti conservatori che cantavano «alleluia, l'Unione Sovietica si è disintegrata grazie alla politica lungimirante di Ronald Reagan», senza accorgersi che gli Stati Uniti stavano andando a rotoli per la stessa ragione.

Proprio come il gioco delle tre tavolette. Nell'ultimo quindicennio i conservatori americani sono riusciti, senza incontrare grandi ostacoli, a classificare come «di sinistra» programmi e aspirazioni normali, che in una compagine politica più sana sarebbero considerati ideologicamente neutri – un'estensione dei diritti impliciti nella Costituzione. «Io sono per una "politica antipolitica"» disse Václav Havel poco dopo la sua elezione a presidente della Cecoslovacchia. «Cioè una politica intesa non come tecnologia del potere e manipolazione cibernetica sopra le teste degli uomini, o come arte dell'utile, ma politica come moralità concreta, come rispetto della verità, come sollecitudine umana e a misura d'uomo per i nostri simili. È ... una visione, in questo mondo, pochissimo realistica e di difficile attuazione ... ». Nell'America odierna un *liberal* intelligente tipo Havel sarebbe altrettanto ineleggibile di un Jefferson, elitario proprietario di schiavi. Il concetto di «sollecitudine a misura d'uomo» per i legittimi interessi altrui si va infatti dissolvendo in una ricerca frenetica di capri espiatori; l'isterismo riguardo al femminismo, ai diritti dei gay e all'aborto ha saturato il discorso politico di un'acredine che ha pochi riscontri nelle altre democrazie occidentali.

La grande maggioranza degli omosessuali americani non fanno capo a gruppi militanti come Act Up o Queer Nation; disprezzano giustamente (come molti di noi «normali») le opinioni del cardinale O'Connor sul preservativo, ma non per questo interrompono la messa nella chiesa di St Patrick. Vorrebbero solo vivere la propria vita senza essere perseguitati per via dell'orientamento sessuale.

Tuttavia, negli anni Ottanta, il loro appello per un'azione governativa in materia di AIDS non ottenne nulla da Washington; Reagan non pronunciò mai quella sigla in pubblico, e Bush non fece che menare il can per l'aia. Ora gli omosessuali sono diventati oggetto di un gioco retorico di bassa lega, vilipesi da politici che sperano di guadagnare consensi puntando su pregiudizi diffusi. Nel 1992, i fanatici anti-gay della destra cristiana del Colorado, agendo sotto il nome di «Colorado for Family Values», sono riusciti a convincere l'elettorato ad abrogare le leggi sui diritti civili degli omosessuali in vigore in quello Stato. Da allora gli omosessuali non sono protetti in alcun modo dalla discriminazione in fatto di lavoro e di abitazioni; le minacce e le violenze contro di loro sono fortemente aumentate; e chi va a sciare ad Aspen, stringendosi nel giaccone ecologicamente corretto foderato di pelliccia sintetica, potrebbe riflettere sul proprio contributo alla prosperità di uno Stato che, sul piano etico, si è messo più o meno al livello della politica razziale dell'Alabama negli anni Cinquanta.

Nel femminismo americano c'è un'ampia frangia repressiva, autocaricaturale e spesso di una piccineria abissale, come la squadra accademica di polizia-del-pensiero che recentemente è riuscita a far togliere da un'aula dell'Università di Pennsylvania una riproduzione della *Maja desnuda* di Goya. E ci sono puritane demenziali come la scrittrice Andrea Dworkin, che giudica ogni rapporto sessuale con gli uomini, per quanto consensuale, una forma politicizzata di stupro. Ma questo sminuisce forse, in qualche modo, la fortissima aspirazione di milioni di donne americane ad avere parità di diritti con gli uomini, a essere libere da molestie sessuali sul posto di lavoro, a vedersi riconosciuto il diritto, in materia di procreazione, di essere prima persone e poi madri?

Ma per certi americani bacchettoni il femminismo è fattivamente diabolico. Pat Robertson, già candidato alla presidenza degli Stati Uniti (e nulla esclude che possa ripresentarsi), ha attaccato di recente una proposta di emendamento costituzionale dell'Iowa per la parità di diritti, in quanto parte di un « programma femminista ... un movimento politico di impronta socialista e contrario alla famiglia, che incoraggia le donne a lasciare il marito, a uccidere i figli, a praticare la stregoneria, a distruggere il capitalismo e a diventare lesbiche ».[7]

Quando il discorso politico scende a questi livelli i fanatici si arruolano nella crociata, ma la gente di buon senso preferisce lavarsene le mani. Come hanno ampiamente dimostrato le elezioni del 1992, non ha senso basare una piattaforma politica sui « valori della famiglia » quando la gente in realtà si preoccupa del posto di lavoro, né far campagne per la diminuzione dei poteri governativi se in realtà si mira a togliere il controllo statale dai consigli d'amministrazione per metterlo nell'utero. Uno Stato che vuole legiferare di moralità in questo modo rischia di apparire assurdo ai suoi cittadini, specie in un paese dove, stando ai sondaggi, il clero gode minore considerazione dei farmacisti. Gli elettori « ragionevoli » cominciano a sospettare che i discorsi sui valori morali mascherino l'assenza di una politica sociale concreta. Ma i « ragionevoli » sarebbero politicamente folli se ritenessero che l'elezione di Clinton e Gore possa in qualche misura neutralizzare i cospicui successi ottenuti nel 1992 dai gruppi evangelici a livello politico locale. Nei comitati scolastici, nei consigli comunali e nelle assemblee legislative locali, insomma in tutti i settori della vita politica americana al di fuori di Washington, il settarismo evangelico si rafforza e continuerà a rafforzarsi. Una volta che l'economia americana si sarà ripresa, è possibile che diminuiscano i voti contrari alla politica fiscale repubblicana, e aumentino quelli a favore delle promesse morali di un Grand Old Party* evangelizzato. Agli americani intelligenti non conviene fare gli struzzi, a meno che, tra qualche anno, non vogliano sentire i loro figli, all'uscita da scuola, cinguettare sul peccato di Sodoma o ripetere a pappagallo le sciocchezze del «creazionismo scientifico». La campagna fondamentalista per abolire la separazione costituzionale fra Chiesa e Stato e propagare la teocrazia nel paese dev'essere combattuta da chiunque abbia a cuore le sorti della democrazia in America.

Negli anni Ottanta una caratteristica della scena elettorale è stata il ritrarsi dei cittadini dalla politica formale, dall'esercizio attivo e ragionato dei diritti-doveri civici. Questa tendenza non ce la possiamo più permettere. È nata perché gli americani non avevano più fiducia in nessuno; era un aspetto dello scoraggiamento indotto da quegli anni. In effetti, dal 1968 il partito repubblicano e quello democratico hanno praticato due forme di politica conservatrice, l'una sporadicamente liberale, l'altra aggressivamente antiliberale. Entrambi rappresentano gli interessi dei ceti medio-alti: l'ultima riforma fiscale autenticamente progressista promossa da un presidente, per esempio, è stata quella proposta da Jimmy Carter nel 1977, subito silurata dal voto di un Congresso in mano ai democratici. A Washington sono le lobby delle grandi imprese, non le istanze di piccoli gruppi di cittadini, a influire sulla macchina politica. Come argomenta efficacemente un libro recente di E.J. Dione, *Why Americans Hate Politics*, non esiste né al Congresso né al Senato un blocco

* Il partito repubblicano [*N.d.T.*].

che rappresenti veramente i bisogni e le opinioni di quell'enorme fascia centrale della vita americana dove ceto operaio e ceto medio si confondono l'uno nell'altro.

Nei primi anni Settanta i democratici cominciarono a perdere la fiducia di questa fascia di popolazione sposando le tematiche della «liberazione» e concentrandosi sempre più emblematicamente sui diritti delle minoranze e dei poveri. In quegli anni e nei primi anni Ottanta, ascoltando i democratici *liberal*, uno straniero poteva supporre che in America ci fossero solo due categorie di persone il cui destino politico avesse una reale importanza: i ricchissimi e i pubblicamente assistiti. Questo indirizzo era un prodotto ideologico, confezionato con le idee di fine anni Sessanta. Scartando leader più moderati e pragmatici come Henry «Scoop» Jackson, i democratici puntarono il proprio futuro politico sulla liberazione *culturale*. Guidati da George McGovern, nel 1972 impostarono la loro campagna sui valori morali, come i repubblicani nel 1992. E persero.

I lavoratori diffidavano dei «progressisti in limousine» col loro battage su ambiente, diritti delle donne, diritto all'aborto, servizi di scuolabus pro integrazione razziale, denuncia delle condizioni delle minoranze. Troppo semplice parlare di razzismo dei colletti blu – un modo come un altro di incasellare a tavolino la gente reale; e i democratici più giovani e più ideologicamente radicali caddero regolarmente nella trappola. Di fatto la *working class* vedeva i suoi posti di lavoro e i suoi quartieri minacciati da politiche imposte dall'alto.

Sicché i repubblicani poterono presentarsi come i difensori dei valori e dei simboli sviliti della trascurata fascia intermedia, gli elettori in tuta blu che credevano nell'America, diffidavano dei radicali facoltosi e odiavano i bruciatori di bandiere. Ai repubblicani gli interessi economici di questa gente importavano pochissimo, ma ciò non fu subito evidente. Chi poteva prevedere che, negli anni Ottanta, la loro politica fiscale avrebbe fruttato una ripresa a breve termine dell'economia americana al costo di un indebitamento di *quattromila miliardi di dollari*, portando così alla recessione, a una pesante disoccupazione e a un decadimento apparentemente irreversibile delle infrastrutture pubbliche? Almeno una politica economica il Grand Old Party sembrava averla, anche se poi è fallita. Soprannominata *trickle-down theory*, essa si basava sulla norma rigorosamente ideologica secondo la quale, dando mano libera ai ricchi, i soldi sarebbero « colati » giù giù fino ai poveri. I democratici non ne avevano nessuna che potesse attrarre l'elettorato. A loro non piaceva parlare di cose terra terra e di posti di lavoro: parlavano principalmente di diritti. Erano persi in quello che a milioni di elettori americani sembrava un regno delle nuvole, dove ogni pornografo poteva vestire la toga jeffersoniana della libertà d'espressione, e chiunque osasse dire che un bambino ha più probabilità di crescere felice se viene allevato da due genitori che lo amano e si amano rischiava i motteggi di qualche ideologo sinistreggiante, reduce da una comune macrobiotica del Vermont. Scrive E.J. Dione:

« Il moralismo della sinistra le impediva di vedere le cause legittime della rabbia del ceto medio. La rivolta del ceto medio contro la crescente pressione fiscale non era una manifestazione di egoismo, ma la reazione alla difficoltà di mantenere un tenore di vita da ceto medio. La rabbia per la criminalità in aumento non era una forma velata di razzismo, ma l'espressione di una paura autentica ... L'insofferenza per i programmi assistenziali derivava a volte da pregiudizi razziali, ma altrettanto spesso dall'esigenza che certe regole fondamentali riguardo al valore del lavoro fossero applicate a tutti. Chi parlava di "valori tradizionali della famiglia" non era necessariamente un bigotto ».

Lo scarto fra questi valori era tale da farci passare un camion, e così fecero appunto i repubblicani, ritagliandosi un'utile massa di voti di «democratici reaganiani». Ma questa nuova coalizione si sta rivelando instabile, ora che si vedono i risultati effettivi della spinta repubblicana a un *laissez faire* incondizionato: il più grosso deficit, il più gravoso debito estero e il più largo divario tra redditi alti e medi che mai abbiano afflitto l'America.

I reaganiani parlavano, tranquillizzanti, di ripristino dei valori americani tradizionali, di contratti morali, e simili. A un contratto morale con gli afroamericani si mostravano tuttavia poco sensibili, perché il Grand Old Party aveva visto dove stavano i voti: nei sobborghi bianchi, non nei centri cittadini abitati dai negri. Di qui il disastroso errore delle presidenze Reagan e Bush: la «strategia sudista», accomodante verso tutto quello che più seminava discordia razziale, e la riluttanza a trattare i negri *come americani*. L'unità da loro proposta non era altro che l'unità speciosa del noi-contro-loro. La famosa campagna di Bush basata sul caso di Willie Horton,* che nel 1988 mandò a picco Dukakis, fu soltanto la punta di questo iceberg di fallimento morale.

Tutta la «moralità» del Grand Old Party si concentrava sul sesso e sull'onora il padre, accortamente evitando altri comandamenti, in particolare quello di non rubare. Sicché uno dei personaggi esemplari del periodo è stato Charles Keating, uomo d'affari di Cincinnati con la mascella sporgente, gli occhi penetranti e l'aspetto spirante rigore etico del piazzista di provincia che ha fatto strada. Keating fondò, con altri, il Fronte nazionale contro la por-

---

* Willie Horton, un carcerato messo in libertà prima di aver scontato la pena grazie a un provvedimento di Dukakis – allora governatore del Massachusetts –, aveva poi commesso un omicidio e uno stupro [*N.d.T.*].

nografia, con l'intento di salvare gli innocenti da Satana, e diventò nel Midwest un insigne propagandista dei «valori morali tradizionali». Solo più tardi si vide perché a Keating premeva tanto preservare l'innocenza degli americani: armeggiando con la Lincoln Savings and Loan aveva truffato centinaia di milioni di dollari a migliaia di persone ignare. È vero che – a differenza della maggior parte dei suoi colleghi d'imbroglio – lui finì in prigione.

Il reaganismo ha fatto più di qualsiasi ideologia politica della storia americana per staccare il mondo degli affari dai suoi ormeggi tradizionali. In un primo momento l'abbuffata che culminò nello scandalo Savings and Loan non fu osteggiata dai cittadini – soprattutto perché il governo li tenne all'oscuro di tutto. Per comune accordo dei due partiti rivali, la spiacevole verità che i contribuenti avrebbero dovuto sborsare varie centinaia di miliardi di dollari per togliere dai guai il sistema S&L fu annunciata solo all'indomani delle elezioni del 1988. D'altronde, le cifre erano così enormi che per i più sarebbero risultate inconcepibili.

I nuovi protagonisti degli affari, i razziatori di società e i mercanti di titoli-carta straccia – i Michael Milken, gli Ivan Boesky, i Kohlberg Kravis – mandarono all'aria il rapporto tradizionale tra investitori, dipendenti e clienti; i soli interessi che contavano, nella nuova atmosfera di acquisizioni e smembramenti aziendali speculativi, erano quelli degli investitori e dei loro agenti. Questo non era conservatorismo. Somigliava piuttosto al giacobinismo: una forma sfrenatamente astratta di rivoluzione finanziaria cartacea, in cui ogni azienda, quali che fossero i suoi precedenti in fatto di attività pratica e di princìpi, veniva condotta davanti alla ghigliottina del credito. Nelle parole di Michael Thomas:[8]

«In queste condizioni anche il tempo si smembra in particelle separate. Un'impresa radicata nel commercio e nella comunità sociale magari da più di un secolo può essere smontata nel giro di settimane da un artista della scalata. La continuità non significa nulla. I rapporti non significano nulla. Il moderno finanziere vive e muore operazione per operazione. Ogni giorno si riparte da capo, si reinventa la ruota all'infinito. Non c'è bisogno di coerenza, perché la coerenza non rende. L'azione è tutto ... Il giudizio critico è neutralizzato dalla celebrità, il biasimo svanisce davanti al successo».

Gli anni Ottanta hanno realizzato il tetro aforisma di Kenneth Galbraith sul ripudio americano del New Deal e del suo ricordo: opulenza privata, squallore pubblico.

Il ruolo tradizionale, in una democrazia, dell'architettura pubblica – ricordare al cittadino che lo Stato esiste in funzione sua, e non viceversa – fu estromesso dal copione culturale. Sembrava che negli anni Ottanta l'America non fosse più in grado di produrre grandi edifici o opere pubbliche. Dov'erano finite le strutture come quelle che, dagli ultimi decenni del secolo scorso agli anni Trenta, avevano commosso il suo cuore sociale e rafforzato la sua fiducia civica, i simboli dell'America prometeica: il ponte di Brooklyn, il Golden Gate, l'Empire State Building, o magari il Palazzo del Governo di Huey Long in Louisiana? Ormai c'era solo una serie di mediocri manufatti postmoderni confezionati da Philip Johnson e dai suoi discepoli prediletti, i Ralph Lauren di un'architettura che ha rimesso in auge il timpano: monumenti di cartapesta alla vanità di questo o quel razziatore di imprese, edifici placcati in oro alla Donald Trump, propaganda visiva per l'impero di Donald Duck. Come già a Roma, i turisti venivano a New York per contemplare i monumenti del passato; ma del presente vedevano solo discoteche, gallerie, tendenze, la superficie briosamente mossa della moda. Ogni parte dell'esoscheletro pubblico dell'America era ridotta in condizioni precarie: ribattini che saltavano via dal Williamsburg Bridge, calcestruzzo cadente dai cavalcavia, strade urbane dissestate come quelle di Istanbul, scuole fatiscenti, aeroporti squallidi. Ogni tanto nelle viscere senili di Manhattan scoppiava una conduttura dell'acqua, bloccando i treni della metropolitana; o a Chicago il fiume sfondava un punto debole dei suoi canali sotterranei, e da un momento all'altro una riparazione da 25.000 dollari (se la burocrazia avesse provveduto in tempo) diventava un'inondazione che metteva fuori uso la rete elettrica di tutto il centro cittadino. Queste metafore di decadimento erano davvero pregnanti; sottolineavano un senso diffuso di entropia in mezzo a scandalosi divari di ricchezza, una carenza culturale di fondo, una fuga dalle responsabilità pubbliche.

V

Frattanto il senso di una comune cittadinanza si è stemperato in un groviglio di rivendicazioni che consentono agli americani, ora che non possono più definirsi in relazione al Grande Problema della guerra fredda, di assumere posizioni intransigenti su questioni di minor conto. Come scrive William Greider, « la maggior parte [dei cittadini americani] non concepisce la possibilità di stabilire un rapporto permanente con il potere – un sistema politico che dia loro modo di partecipare ai processi di governo e di aver fiducia nei loro risultati ». Il senso delle possibilità della democrazia si è « atrofizzato ».[9]

La percentuale dei votanti nelle elezioni presidenziali è diminuita costantemente da un massimo del 63% nel 1960 al 50,1% – metà dell'elettorato – nel 1988. Nelle elezioni del 1992 si è avuta una modesta ripresa: la preoccupazione urgente per l'economia malata, e il forte richiamo esercitato da Ross Perot su gente che si sentiva tagliata fuori dalla « solita politica », hanno portato alle urne 104 milioni di cittadini, pari al 55% della popolazione elettorale. La cifra è incoraggiante, ma non ha rappresentato un improvviso ritorno all'impegno civico dopo un ventennio di indifferenza dei votanti; ha segnato soltanto un ritorno al livello del 1972.

Questa apatia stupisce gli europei e, devo aggiungere, gli australiani.

Perché tanti cittadini della più antica democrazia del mondo non votano quando hanno la possibilità di farlo, in un momento in cui la lotta per la democrazia in Europa e nel resto del mondo ha raggiunto il punto più alto e cruciale dal 1848 in qua? Si tratta in parte di un problema organizzativo, dovuto alla scomparsa del vecchio sistema basato sulla macchina di partito e sui distretti elettorali, di cui la Chicago del sindaco Daley è stata l'ultimo vestigio. Nonostante gli abusi, quel sistema portava la gente alle urne strada per strada e casa per casa. Il suo clientelismo faceva sì che gli americani, specie quelli di ceto operaio e della piccola borghesia, ritenessero di avere in quanto cittadini un ruolo nella gestione dal basso del proprio paese, distretto per distretto. Rafforzava il senso della democrazia partecipativa.

Finito quel sistema, i poveri smisero di votare, convinti che a Washington nessuno volesse o potesse rappresentarli. Meno votano i poveri, più si avvantaggia il partito dei ricchi. Ciò ha prodotto un circolo vizioso, e le tecniche elettorali americane si sono trasformate in modo da lasciare da parte gli strati inferiori, un terzo della società, tranne quando si poteva mobilitarli con minacce di disoccupazione o velati appelli al razzismo operaio. Una delle grandi scommesse dell'amministrazione Clinton è quella di ridare alla democrazia partecipativa il significato in parte perduto, di risvegliare in tutti gli americani l'interesse per la politica. L'elezione di Clinton non garantisce di per sé che ciò avvenga; ma dà almeno motivo di sperare.

C'è molto terreno da riguadagnare. Alla fine degli anni Settanta il cittadino americano stava diventando spettatore passivo di eventi politici serviti a pezzi e bocconi tra uno spot pubblicitario e l'altro. Le trasmissioni delle reti televisive americane sono per lo più robaccia destinata a produrre carenza di realtà, e pare che l'americano medio ne sorbisca sette o otto ore al giorno. Niente di strano, quindi, se l'atto di votare ogni quattro anni appariva sempre meno importante, e se meno gente andava in cabina a compierlo. Nelle prime elezioni libere dopo la morte di Franco, in Spagna votò quasi l'80% degli elettori. Se in America votasse l'80% degli elettori, come accadeva regolarmente ai vecchi, rudi tempi dei comizi di strada, tra il 1840 e il 1910, sarebbe una rivoluzione popolare. Vorrebbe dire che gli americani apprezzano davvero la democrazia, invece di sproloquiare di patriottismo mentre spronano alla democrazia altri paesi che non di rado la tengono più in conto di loro, e votano.

Ma proprio questo abbiamo avuto da Washington negli anni Ottanta, tanti sproloqui patriottici. E chi può dire onestamente di non averne le tasche piene? Il volto pubblico della politica si è dissolto nella teatralità: una recita banale fatta di ottimismo fittizio, fuochi d'artificio e balletti di imitatori di Elvis Presley sotto la Statua della Libertà, di guerricciole cosmetiche a Grenada e a Panama per simulare la dolcezza della vittoria dopo il gusto amaro del Vietnam. Mai come negli anni Ottanta abbiamo visto l'arte di governo farsi tutt'uno con la gestione dell'immagine. Troppe cose, in questa presunta repubblica aperta, si facevano all'insaputa dei cittadini, o venivano presentate in termini sommari e di un semplicismo da fumetti, offensivo per la pubblica intelligenza. Tutto questo si chiamava « lasciare che Reagan facesse il Reagan », e si accordava perfettamente con i dettami televisivi. Così sono mutate proprio le parole che descrivono la comprensione degli avvenimenti: una delle vittime, tra le decine, è stata la « percezione », che una volta denotava una visione delle cose aderente alla realtà, mentre negli anni Ottanta è venuta a significare «opinione» e infine «illusione» o «cantonata».

La messa in scena presidenziale – abbaglianti effetti di luce che cancellano le acque torbide – aveva forse qualcosa a che fare con l'originario ideale americano di democrazia aperta? Il potere occulto della CIA e lo scandalo Iran-Contras si facevano beffe del «governo alla luce del sole» e della responsabilità civica il cui sogno, nel lontano 1798, ispirò la campagna di Jefferson e di Madison contro il repressivo Sedition Act di John Adams.

Il volto della politica, e specialmente della presidenza, fu drasticamente adattato alla durata dell'attenzione pubblica, accorciata dalla TV. Più si discute, più acceso è il dibattito, più gente va a votare. Quindi non si discuteva: si producevano stoccate sonore, formule memorabili di poche sillabe. Non si appariva di persona; si concedevano foto-opportunità. Non si scrivevano personalmente i discorsi; si faceva stendere agli scribacchini una colorita e dozzinale prosa oratoria, la cui funzione era creare il personaggio presidenziale. In un certo senso, il presidente *era* la televisione: il più celebre presentatore del mondo. Dimenticava le cose? Non importa: la TV è lì per aiutarti a dimenticare. Mentiva? Oh, be', non ci badate, forse si è solo dimenticato. Oppure «si è espresso male». La TV è la musa della passività. Con efficienza da sonnambulo, Reagan ha abbassato l'America al suo livello. Ha lasciato il suo paese, nel 1988, un poco più stupido di quel che era nel 1980, e molto più tollerante verso le bugie, perché il suo stile di presentazione per immagini tagliava il tessuto connettivo tra le idee, costituito dal ragionamento, e quindi favoriva la sconfitta del pensiero medesimo. Nel 1992, comparendo a Houston dinanzi agli osannanti delegati della Convention repubblicana, Reagan citò una frase di Lincoln («non si possono rafforzare i deboli indebolendo i forti») che non era di Lincoln. L'aveva scritta, circa quarantacinque anni dopo la morte di Lincoln, un ecclesiastico della Pennsylvania di nome William Boetcker. Ma chi badava alle date? Ai tifosi di Reagan, l'idea che debba esserci, o anche solo *possa* esserci, un qualche necessario rapporto tra una citazione e la sua fonte sembrerebbe un'offesa al ricordo della presidenza reaganiana.

Un personaggio presidenziale di questa fatta, Jefferson o Lincoln difficilmente se lo sarebbero immaginato, e non ne avrebbero avuto la minima stima. Rielaborata per la TV come mai in precedenza, l'immagine presidenziale usciva dal video e ci rientrava immantinente: infatti le reti l'adoravano, e la stampa – almeno in massima parte – seguiva a ruota. I grandi media andavano a nozze, perché quei trucchetti, quei traslati e quelle contrazioni li riconoscevano come propri, parte di una medesima cultura dello spettacolo. Politica da rotocalco per un'èra di giornalismo da rotocalco. Il processo cominciato con i Kennedy raggiunse il culmine con i Reagan: concentrazione ossessiva sulla persona del presidente quale monarca vicario, non più il *primus inter pares* così rivoluzionariamente concepito dai fondatori della repubblica. Ma dov'era il cittadino? Fuori dal palcoscenico, come il pubblico agli spettacoli.

A Bush mancava la consolante capacità istrionica del predecessore, e per sua sfortuna le cambiali accumulate dall'economia reaganiana cominciarono a scadere durante il suo mandato. Nell'agosto 1992 il Partito repubblicano si trovava in forte svantaggio nei sondaggi, privo di una politica economica plausibile e incapace di far fronte a un disavanzo enorme e crescente. A un elettorato di ceto medio e operaio, in ansia per il posto di lavoro e per i propri modesti investimenti in presenza di una recessione formidabile, esso aveva da promettere ben poco di concreto. Eppure il Grand Old Party doveva mettere in piedi, a Houston, una Convention che ribaltasse il successo ottenuto poche settimane prima da quella democratica a New York. Nei confronti degli elettori, i repubblicani erano alle prese con difficoltà analoghe a quelle che, nelle elezioni del 1992, avevano afflitto i conservatori di John Major in Gran Bretagna. Ricorsero alla stessa strategia divisoria, mirando alla giugulare della paura e della sfiducia, ma con un timbro specificamente americano che risuscitava i fantasmi dell'intolleranza di destra degli anni Venti e Cinquanta, e con lo stesso identico linguaggio.

Clinton e Gore, invece, avevano adottato, per dare il *la* alla loro campagna elettorale, il gergo di Recovery e della psicoterapia di gruppo, usando toni morbidi e sottolineando il «coinvolgimento» e la «guarigione». In un momento di patetismo particolarmente smaccato, Gore aveva raccontato come suo figlio fosse stato investito da un'automobile, e come lui avesse guardato negli occhi il ragazzo sospeso tra la vita e la morte; e che ciò – cari amici democratici e cittadini alienati – era stato come guardare in faccia l'America d'oggi. Se dietro i discorsi di Churchill si intravedevano le ombre oratorie di Demostene e Burke, sul palco dei democratici al Madison Square Garden aleggiavano quelle di Oprah Winfrey e Robert Bly.*

Ma il blando senso di nausea suscitato da questa scelta di immagini non era niente di fronte alla retorica vomitevole della Convention repubblicana.

A Houston, il «tendone» sotto la cui ampia cupola dovevano raccogliersi gli esponenti di ogni indirizzo e sfumatura del pensiero conservatore diventò la sede di un revival. La strategia era: puntare su riflessi profondi fatti scattare da certe parole, fare appello al pregiudizio anziché alla ragione o all'in-

* Oprah Winfrey conduce un popolare talk-show televisivo; Robert Bly è un poeta che si batte per i movimenti di liberazione dell'uomo [*N.d.T.*].

teresse. La piattaforma del Grand Old Party non lasciava via di mezzo, era puro settarismo smanioso di dividere l'America tra «noi» e «loro». La chiave di tutto, naturalmente, non era la politica economica; e nemmeno la politica estera, nonostante l'esaltazione dell'illusoria vittoria di Bush su Saddam Hussein, e le solite affermazioni sul crollo del comunismo in Russia, Germania, Cecoslovacchia, Ungheria, Polonia e Paesi baltici, dovuto assai più all'opera di Bush alla Casa Bianca che non ai russi, ai tedeschi, ai cecoslovacchi, agli ungheresi, ai polacchi e ai baltici.

No, la chiave era morale: consisteva nei «valori della famiglia». Questa formula era uno stereotipo coattivo già prima che si inaugurasse la Convention, e al terzo giorno di lavori neanche il più felice dei coniugi poteva sentirla senza un sussulto. Ma se la destra aveva il monopolio delle virtù familiari, e sapeva come ripristinarle in un periodo di loro presunta decadenza, come mai queste virtù erano andate alla deriva proprio negli ultimi dodici anni di ininterrotto potere repubblicano? Meglio non fare domande. Esisteva un'America autentica, il nucleo essenziale del paese, che possedeva questi «valori della famiglia». Suoi paladini erano George Bush, Dan Quayle e la destra religiosa. Esisteva poi un'America falsa, un'America cinica e pervertita, che ne era priva. I suoi agenti visibili erano i *liberals* e i loro amici: omosessuali, femministe, ecologisti fanatici, Hollywood e «i media», ossia tutti i giornalisti, della carta stampata o elettronici, tranne quello a cui il vicepresidente o i suoi assistenti concedevano in quel momento un'intervista («non alludo ai giornalisti oggettivi e responsabili come lei, Bill, ma...). Alcuni di quegli agenti non appartenevano al mondo reale. Quayle arrivò ad attaccare un personaggio di un serial televisivo, Murphy Brown, per aver avuto un bambino fuori dal matrimonio; come se qualche elisabettiano contestatore avesse citato Doll Tearsheet, la sgualdrina dell'*Enrico IV*, come prova del decadimento morale della corte inglese. Questa gente, che esistesse o meno, costituiva una « *élite* culturale » votata a screditare e distruggere i « valori familiari » della vera America.

Toccò a Patrick Buchanan, già candidato repubblicano contrapposto a Bush, di salire sul podio per aprire le ostilità. Il suo discorso fu talmente aspro e fazioso che non avrebbe stonato nel Reichstag del 1932. Non conteneva nulla che Buchanan non avesse già detto cento volte: sotto la superficie da uomo qualunque continuava a gorgogliare lo stesso fetido minestrone di vituperi contro i gay, populismo autoritario, pressoché espliciti pregiudizi razziali e ansie di emarginazione. John Mitchell, il ministro della Giustizia più disonesto che l'America abbia mai avuto, vent'anni prima aveva chiamato tutto ciò « feconda polarizzazione »; e il giovane Pat Buchanan, redattore di discorsi per Richard Nixon, mandò al suo presidente un promemoria sull'utilità di una politica del *divide et impera*: « Se spacchiamo il paese a metà, possiamo prenderci la metà più grossa ». Era un atteggiamento in piena armonia con lo spirito di Joe McCarthy, eroe di gioventù di Buchanan. Per dividere una comunità civile occorrono capri espiatori e qualcuno da demonizzare, caricature umane che drammatizzino la differenza tra Loro e Noi. Se a una strategia politica può far gioco, come adesso, attizzare i pregiudizi contro gli omosessuali e negar loro certi diritti in quanto classe o gruppo, così sia; e tanto peggio per coloro che Buchanan, in passato, ha definito promotori di « satanismo e suicidio », « pervertiti », « distruttori » e « proletariato pederasta » – tutte quelle blese orde notturne che tendono agguati non solo agli adulti consenzienti, ma anche ai *tuoi bambini*! Il virus dell'AIDS, minuscolo alleato del Signore, era il « castigo divino » contro questa gente, così come per il predicatore fondamentalista degli anni Venti il gonococco e il treponema pallido erano stati lanciati contro libertini e seduttori da un Dio corrucciato. Non era cambiato nulla.

VI

Ma perché poi sarebbe dovuto cambiare qualcosa? A parte l'efficienza enormemente maggiore dei mezzi di diffusione – i database, i fax, i sondaggi istantanei e gli altri strumenti dell'informazione lampo –, c'è poco di nuovo sia in queste effusioni di pio zelo patriottico, sia negli slogan che le preannunciano. E non c'è da stupirsi troppo se l'elettorato americano, più saggio di quanto spesso credano gli esperti, le ha rifiutate, votando invece su questioni più concrete – in primo luogo la crisi economica.

In America questi movimenti, queste forme di retorica si manifestano ogni volta che incombono profondi mutamenti.

A partire dal 1890, per reagire alla radicale metamorfosi e alla perdita di identità dell'America – entrambe conseguenza dell'immigrazione –, i populisti ricorsero al virulento antisemitismo, al fanatismo religioso e al nativismo. Oggetto di demonizzazione, più che i *liberals* in quanto tali, erano gli immigrati recenti, ebrei e irlandesi cattolici. Proprio perché l'America è un paese di immigrati, sono sempre i gruppi arrivati da più tempo, e ormai radicati, a opporsi all'irruzione dei nuovi stranieri. Alla fine del secolo scorso questo travaglio era presente a tutti i livelli della cultura americana, alti e bassi, esattamente come oggi. Gli irlandesi avevano i loro centri di potere, come Tammany Hall, e gli ebrei, sentendosi conculcati, li avversavano; nel 1902 un corteo funebre ebraico che attraversava un quartiere industriale irlandese di New York fu bersagliato da pezzi di macchinario, dopodiché circa duecento partecipanti al funerale furono manganellati da poliziotti irlandesi.[10] Novant'anni dopo, analoghi episodi di intolleranza contro «lo straniero non assimilato» sarebbero avvenuti a Brooklyn, protagonisti questa volta ebrei e negri.

Negli anni Venti, con l'espandersi della grande industria, la rapida crescita delle città e un nuovo afflusso di milioni di europei cattolici ed ebrei, ancora una volta i residenti di tradizione protestante serrarono i ranghi contro i «forestieri». Il cittadino WASP – scrivono Lipset e Raab – aveva l'impressione «di perdere il controllo della società già dominata da suo padre, che egli si aspettava di ereditare per diritto di primogenitura».[11] Questo impulso difensivo era particolarmente forte tra i cristiani fondamentalisti del «cuore rurale» del paese, che si sentivano minacciati dal crescente predominio della «cultura urbana» e dal modo in cui il relativismo e la scienza venivano allentando i legami tra l'America e la verità rivelata della Bibbia. Il «processo delle scimmie», in cui un insegnante del Tennessee, J.T. Scopes, fu chiamato in giudizio per aver esposto ai suoi allievi la teoria darwiniana dell'evoluzione, fu solo il segno più visibile di una reazione al pluralismo diffusa in tutta la nazione. L'idea che una molteplicità di posizioni morali e intellettuali potessero convivere nel quadro della democrazia ripugnava a questi monisti americani, che volevano un'unica ortodossia, un'unica verità rivelata. Per costoro, negli anni Venti come nei Novanta, il dissenso era illegittimo e il «mercato delle idee» privo di valore. La punta estrema di questo atteggiamento fu riassunta nel detto apocrifo attribuito a un pastore battista: «Un uomo ha bisogno di avere sul suo scaffale un libro solo; se infatti un'idea è nella Bibbia non occorre cercare oltre, e se non c'è sarà comunque sbagliata». La concezione monistica (dell'«unica verità») è esattamente il contrario del saggio precetto di Thomas Jefferson: «Se c'è tra noi chi voglia dissolvere questa Unione o cambiarne la forma repubblicana, lo si lasci indisturbato, a testimonianza della sicurezza con la quale si possono tollerare opinioni errate là dove la ragione è libera di combatterle».

Oggi l'America non sta «tornando» agli anni Venti o al maccartismo degli anni Cinquanta. Come le spore dei funghi nel terreno, queste tendenze repressive ci sono sempre, latenti ma capaci, nelle condizioni adatte, di fruttificare dalla sera alla mattina. La loro comparsa è ciclica, e la loro tenacia incrina l'ottimismo circa il progresso morale dell'America del Ventesimo Secolo. Ma il loro oggetto può cambiare, perché questo tipo di reazione ultraconservatrice vive personificando le paure sociali dell'Altro. Gli effetti prodotti da McCarthy sul morale della società americana avevano poco a che fare col numero di comunisti da lui effettivamente scovati nel governo, e moltissimo col suo modo di lacerare la comunità americana proiettando fattezze terrificanti, mezzo umane e mezzo demoniache, sulle amorfe inquietudini di quel periodo. In America c'erano effettivamente degli agenti sovietici, anche se pare ormai assodato che Alger Hiss non fosse tra quelli; vari settori dei media erano «teneri con il comunismo», grazie all'inclinazione filosovietica di alcuni giornalisti e direttori; le spie trafugavano davvero i segreti atomici; e i traditori erano all'opera. Molti *liberals* in America chiudevano gli occhi davanti alle atroci realtà dei regimi di Stalin e Mao, come facevano (e avrebbero continuato a fare per tutti gli anni Sessanta e ancora nei Settanta) i loro omologhi in Francia e in Italia. Ma niente di tutto ciò può spiegare appieno l'intensità della caccia alle streghe maccartista, la sua presa apocalittica sull'immaginazione americana.

Il successo di McCarthy consisté nell'aprire le cateratte del monismo americano, la lungamente accumulata intolleranza nativista per la diversità; e nel farla entrare in gioco sul terreno specificamente ideologico dello scontro tra comunismo e democrazia liberale proprio nel momento in cui l'America prendeva le armi contro un paese comunista, la Corea del Nord. Più che un movimento politico, il maccartismo fu una Crociata dei Fanciulli, un evento irrazionale semireligioso. Tanto il suo successo iniziale quanto il suo collasso finale furono dovuti alla vaghezza dei bersagli, alla loro carenza di corpi e di nomi. Il maccartismo, opportunista per natura, difettava di messa a fuoco. Quali *americani* incarnavano le idee del nemico? « La miglior personificazione del nemico cui giunse McCarthy nel corso dei suoi attacchi contro gruppi determinati » scrivono Lipset e Raab « fu l'*élite* ».[12] I membri dell'*élite* – ossia i benestanti, i colti, il fior fiore WASP della East Coast – « con il loro comportamento da rinnegati » dichiarò il senatore « hanno venduto il paese ».

Prendersela con un'*élite*, o affermare che i nemici costituiscono un'*élite*, è una delle più antiche risorse dell'arsenale demagogico. Le *élites* sono snob, lontane dalla gente, arroganti, chiuse, e manifestamente non-americane. Soprattutto, non c'è la necessità di fare i nomi dei loro membri. Poco dopo che il vicepresidente Quayle aveva tirato un sasso in piccionaia col suo discorso del 1992 sull'« *élite* culturale », un intervistatore televisivo gli chiese di fare qualche nome. Quayle rifiutò con un evasivo « sappiamo tutti chi sono ».

Finito il comunismo, la politica della divisione ha bisogno di altri gruppi « estranei » e « devianti » di cui nutrirsi, per esempio gli omosessuali. Ha bisogno anche di persone o simboli da idealizzare. Di qui il tentativo di rivendicare la bandiera soltanto a « noi », la destra americana; di farne un feticcio, considerandola non solo un simbolo nazionale, ma una sorta di eucaristia, tanto sacra da esigere un emendamento costituzionale (nientemeno) per evitarne l'uso improprio. Di qui, anche, la politica eccentricamente immaginifica rispetto al nuovo Corpo Sacrificale del conservatorismo americano, il feto.

Quando gli assedianti di una clinica dove si pratica l'aborto dichiarano di essere « per la vita », possiamo esser certi che ad angustiarli non è quella della spaurita adolescente incinta; e in gioco non è tanto la sopravvivenza del feto, bensì la misura del controllo maschile sul corpo delle donne che questa società è disposta a concedere. Senza il diritto di scegliere tra continuazione e interruzione della gravidanza, difatti, cade l'idea delle pari opportunità per le donne: il meccanismo involontario di ovaie e utero sarà sempre un ostacolo al conseguimento di titoli di studio, cariche, posti di lavoro e tempo libero. La smania conservatrice di promuovere leggi contrarie alla « scelta », di sospingere nella sfera del diritto pubblico una grave decisione morale intrinsecamente personale, è destinata a rivelarsi, alla fine, disastrosa per gli interessi dei conservatori medesimi. Avrà per loro conseguenze analoghe a quelle che la rigida dottrina cattolica sulla contraccezione ha già avuto per la Chiesa cattolica.

L'immagine del feto è diventata una presenza singolare nella cultura popolare americana, senza riscontro in altri paesi occidentali. Fece la sua bizzarra comparsa nelle cerimonie conclusive delle Olimpiadi di Barcellona del 1992, sulla ribalta dello stadio del Montjuïc: alta due metri e mezzo, fatta, a quel che sembrava, di polistirolo espanso e mossa da un ballerino al suo interno, aveva un sorriso fisso e bianchissimo, vacuo come la faccina degli adesivi antinucleari anni Settanta. Questo, proclamò l'annunciatore, è *Whatizit*, l'emblema ufficiale delle Olimpiadi di Atlanta del 1996. Membra minuscole, occhi sporgenti, corpo sproporzionato, una coda rudimentale su cui erano vezzosamente infilati i cinque cerchi olimpici come sul paletto nel gioco degli anelli. Ciò che Walt Disney ha fatto al papero, un gruppo di designer americani avevano fatto al feto. Il feticcio della destra religiosa è ora una mascotte olimpica. Nessuna meraviglia che i catalani fossero perplessi.

Si preannuncia un'ondata *fetus-chic* per il '96? Improbabile, ma ci saranno di sicuro milioni di souvenir *Whatizit*, come a Barcellona c'erano milioni di Cobi: spille-feto, feti-réclame della Coca-Cola, feti gonfiabili, feti di peluche da coccolare, piccoli fermacarte a forma di feto. Chiudete gli occhi e immaginate un nuovo albergo progettato da Michael Graves, col timpano sorretto da cariatidi fetali in sembianza di *Whatizit*. Questa prospettiva dà un'idea di come l'immagine del feto sia penetrata profondamente nell'arcano caos della coscienza mediatica americana, con un terzo del paese ossessionato dal non-nato e un altro terzo che vaneggia sul bambino-in-noi.

Chissà se i designer si sono seduti intorno a un tavolo con il comitato per Atlanta '96 e hanno deciso di creare l'emblema dei giochi in forma di feto? Sembra poco probabile. I feti non evocano immagini sportive. Sono, nel complesso, atletici quanto dei piccoli pascià. Inerti nel loro liquido amniotico, non praticano il nuoto a farfalla né il crawl australiano; non cominciano nemmeno a scalciare – e tanto meno a saltare, a correre, a andare in bicicletta o a dar segni di profitto nel tiro al bersaglio – finché non sono quasi infanti. No, *Whatizit* non è un simbolo cosciente; è un fantasma dello *Zeitgeist*, un caso di tracimazione, o precipitazione, del sovraccarico da feto nella cultura popolare. I semiologi, se vogliamo andare sul difficile, lo chiamerebbero « significante alla deriva ». Non esisterebbe senza le immagini televisive di dimostranti che agitano neonati di plastica davanti alle cliniche dell'aborto; senza i due Pat della destra fanatica, Robertson e Buchanan, che sbraitano di innocenza. Solo in America può succedere che un feto passi così rapidamente da simbolo di un « conflitto culturale » a emblema di un evento sportivo. *Whatizit* è il grazioso promemoria di una questione che non ha nulla di grazioso.

Per questo *Whatizit* è destinato a diventare molto invadente con l'avvicinarsi dei Giochi, e gratuitamente fastidioso. Già infastidisce me, e finora l'ho visto solo una volta; ma c'è da dire che come ex cattolico queste cose mi irritano facilmente. Nel quadro, relativamente semplice e assolutistico, dell'educazione cattolica nell'Australia irlandese di quarant'anni fa non c'era, riguardo all'aborto, l'enorme ambiguità che esiste oggi in America; l'aborto era considerato un assassinio puro e semplice, un atto impensabile tout court, fuori discussione. L'accento batteva invece sulla contraccezione, e sul « diritto alla vita » dello spermatozoo. Saturi di turbolento testosterone, noi duecento ragazzi stavamo nella cappella del convitto ad ascoltare un prete che esponeva la teologia morale su questo punto. Dio, apprendevamo, aveva messo in noi l'impulso sessuale per due motivi. Il primo era di assicurare la propagazione della specie; il secondo di dare piacere, e preservare così i matrimoni legittimi. Era peccato eludere il primo fine divino per arrivare al secondo, specie se non si era sposati. Fini primari, fini secondari: questi aridi arzigogoli, elaborati da teologi celibi, hanno contribuito ad allontanare dalla Chiesa innumerevoli cattolici. Forse a masturbarsi non si diventava ciechi, né sul palmo della mano spuntava inarrestabile un singolo pelo nero (i gesuiti, nel complesso, erano al di sopra di queste grossolane tattiche terroristiche protestanti); ma ogni cellula spermatica era sacra, in quanto essere umano in potenza: più simile per il momento a un girino microscopico, ma capace di trasformarsi in una persona se si imbatteva in un ovulo, e quindi da onorare e conservare insieme ai suoi milioni di confratelli. Ogni atto impuro era una strage di futuri cattolici, così piccini che in cento avrebbero potuto ballare, o almeno dimenarsi, su una capocchia di spillo. Il vero problema della masturbazione era che essa rappresentava un'inversione dell'ordine cosmico; e la contraccezione peggio ancora. L'idea che una particella dell'ordine cosmico dipendesse dai nostri ardori di adolescenti era un pesante fardello per noi giovani soldati dell'armata ignaziana di Cristo. In alcuni di noi, inclusa la recluta Hughes, questa idea creava un soffocante senso di colpa, tale da indurre allo scetticismo: se Dio era tanto preso dalla conta degli spermatozoi, mentre si infischiava palesemente di impedire le carestie, le epidemie e le stragi di questo mondo, era il caso di venerarlo? E c'era poi davvero, Dio? Dall'altare nessuna risposta.

Qualcosa di questo feticismo aleggia tuttora intorno al dibattito sull'aborto; tanto che il cardinale O'Connor, in un discorso dell'agosto 1992 al congresso nazionale dei Cavalieri di Colombo a New York, ha ritenuto di proporre che in ogni diocesi cattolica d'America si erigesse una «tomba del bambino mai nato». Questo, non le Olimpiadi, sarebbe il posto adatto per *Whatizit*. Noi dobbiamo anteporre agli interessi della madre il feto di tre mesi, e anche l'embrione – questo lembo non-senziente di tessuto altamente organizzato attaccato alla parete uterina –, non per via di ciò che esso *è*, ma di ciò che *può diventare*. Il fine primario delle donne è essere madri e assicurare la continuazione della specie; il loro fine secondario è essere persone autonome, con diritti su tutto ciò che il loro corpo contiene; se i due fini entrano in conflitto, il secondo deve soccombere. È la legge ferrea dell'astrazione. Nessuna persona ragionevole nega che l'aborto comporti una grave scelta morale; ma il punto è che questa scelta dev'essere fatta dalla madre, non esserle impedita dallo Stato. Nessuno – tranne coloro che credono, senza ombra di prova, che un'anima immortale sia infusa nell'embrione al momento del concepimento, dotandolo così di piena umanità – è in grado di dire in che momento un embrione diventi un essere umano.

L'innocenza del feto è fuori dubbio, ma non c'entra: anche un cespo di lattuga è innocente. Il feto non pecca perché non può peccare. Non può peccare perché, almeno a quanto è dato saperne, non ha libero arbitrio e non gli si offrono occasioni di peccato. L'utero è privo di tentazioni; è come il Paradiso terrestre prima del serpente. Presumibilmente è per questo che gli antiabortisti, con il loro gergo politicamente corretto sull'innocenza e le potenzialità, preferiscono il non-nato al nato: nascendo noi cadiamo in un mondo imperfetto, mentre il feto – come il bambino stellare di *2001 Odissea nello spazio* di Kubrick, d'aspetto manifestamente prenatale e circonfuso da un'amniotica aureola di luce – è l'emissario di un mondo perfetto: la condizione uterina, l'Utero con Vista, di cui tutte le nostre dispendiose comodità, dai divani alle piscine riscaldate, non sono che metafore. Forse è questo uno dei motivi per cui l'opposizione all'aborto si irrigidisce via via che in America peggiorano le condizioni materiali.

Vent'anni fa Philip Roth, nella sua satira splendidamente corrosiva contro Richard Nixon, *Our Gang*, immaginava il presidente nell'atto di accingersi alla campagna elettorale contando sui voti «degli embrioni e dei feti di questo paese»; i quali, riconoscenti, avrebbero ricordato

«chi si è battuto in loro favore, mentre altri si occupavano dei problemi del momento, più popolari e alla moda. Ricorderanno, penso, chi, nel mezzo di una guerra all'estero e di una crisi razziale in patria, si è dedicato a fare di questo paese un luogo dove i nascituri possano dimorare con orgoglio».

Non vi fu quasi critico letterario in America che non rimproverasse a Roth di aver esagerato, andando oltre i limiti ammissibili della satira e così via («Time», come altri giornali, rifiutò addirittura di recensire il libro). Sollecitare il voto dei feti! Che trovata inaudita! *Our Gang* è la sola satira di un autore americano moderno degna di essere paragonata alla *Modesta proposta* di Swift. Ma a differenza della visione di Swift, di un'Irlanda affamata che si nutre con la carne dei bambini in soprannumero («Mi assicura un americano molto competente ... che un infante sano e ben allattato è, all'età di un anno, un cibo squisitissimo, nutriente e salubre»), quella di Roth si è grosso modo avverata. In America ci sono momenti in cui la realtà sorpassa i poteri della satira, e la questione dell'aborto si è rivelata uno di essi; o almeno si aveva questa sensazione alla Convention repubblicana di Houston del 1992, ascoltando un oratore dopo l'altro infervorarsi sui sacri diritti del nascituro e sulla necessità di un emendamento costituzionale che mettesse fuori legge l'interruzione di gravidanza anche nei casi di stupro o di incesto.

VII

Al principio degli anni Ottanta la sinistra americana era politicamente al lumicino; le uniche vestigia del suo potere erano culturali. Sicché tornò in convento – cioè nella sfera accademica – e si proiettò anche nel mondo dell'arte.

Il bersaglio principale del maccartismo era il retaggio del liberalismo del New Deal, che risaliva agli anni Trenta. Il bersaglio principale degli attacchi conservatori degli anni Ottanta, come scrive Paul Berman, fu «il patrimonio di apertura democratica e riformismo sociale risalente al radicalismo degli anni Sessanta»,[13] compresa la parte di quel patrimonio, vuoi sballata, vuoi sensata, che affiorava nei campus universitari.

La forma acculturata di questo attacco è la veemente denuncia degli influssi «radical» e sinistreggianti nel mondo accademico, intesa ad avvertire gli americani che l'ideologia totalitaria, per quanto crollata in Europa e in Russia, sopravvive in Cina, a Cuba... e nelle università americane. Secondo questa visione, un «nuovo maccartismo», stavolta di sinistra, si è impadronito degli atenei e sta distruggendo la libertà di pensiero. La cultura, avverte Hilton Kramer sul « New Criterion », è « in grave pericolo ». L'università ha cooptato i barbari che un tempo la assalivano, e « questo elemento barbarico, così ostile ai princìpi fondamentali della nostra civiltà ... dispone ora di un seguito immenso nelle nostre istituzioni più prestigiose. Ha già trasformato radicalmente l'insegnamento delle arti e delle discipline umanistiche nelle scuole superiori e nelle università ». E non tutti coloro che la pensano così sono dei neoconservatori: nel 1991 uno storico del calibro di Eugene Genovese scriveva sul « New Republic »: « Io, che durante l'era McCarthy ho visto licenziare i miei professori, e che ho dovuto combattere, in quanto marxista filocomunista, per il mio diritto di insegnare, temo che i nostri colleghi conservatori si trovino oggi di fronte a un nuovo maccartismo, per certi versi più efficace e maligno del precedente ».

Altri universitari (generalmente più giovani) respingono con foga l'accusa di maccartismo, definendola una metafora esasperata. E in effetti pochi segni preannunciano il ripetersi di ciò che il senatore del Wisconsin e i suoi compari fecero al mondo accademico negli anni Cinquanta, di solito mediante pressioni su amministratori e docenti che si consideravano *liberal*: i licenziamenti in tronco di professori di ruolo, le indagini della Commissione per le Attività Antiamericane sul contenuto di corsi e biblioteche, i giuramenti di fedeltà nei campus, tutta la sordida atmosfera persecutoria, proditoria e paranoica. Il numero degli accademici conservatori licenziati dalla « polizia del pensiero » sinistrorsa è, per contro, zero. Ci sono state molestie e stupidità. Ci sono state accuse infondate di razzismo, come quelle lanciate a Harvard contro lo storico Stephan Thernstrom, il quale aveva espresso l'opinione (scandalosa per gli adepti del politicamente corretto) che per studiare la storia della schiavitù in America sarebbe bene leggere attentamente le fonti di entrambe le parti, incluse quelle che documentano come i proprietari di schiavi e gli autori filoschiavisti difendevano questa pratica. Nei campus non mancano certo i fanatici, gli autoritari e gli arrampicatori che vedono nel p.c. un buon modo per far carriera o dar sfogo alle proprie frustrazioni.

Che oggi nelle università americane quasi tutti i docenti di materie umanistiche vengano assillati (a dir poco) da rivendicazioni p.c., e abbiano bisogno di una robusta indipendenza di spirito per resistervi, non è una fantasia della destra. Il metodo è analogo a quello praticato un tempo in àmbito religioso – svergognare una persona e farle il vuoto intorno –, e serve anche a stabilire quali insegnanti saranno assunti in ruolo e quali no; e trae forza dalle dimensioni stesse del mondo accademico, dalla sua inflazione numerica, dalla sensazione che il pubblico universitario è già di per sé un pubblico di massa, sicché non occorre tener conto di lettori al di fuori dei suoi confini autoreferenziali e troppo spesso conformisti. Non c'è che dire, l'ambiente accademico ha preso gusto alle etichette che sostituiscono alla riflessione e alla capacità di giudizio un facile moralismo: razzista, sessista, omofobico, progressista, reazionario. Nella guerra fra topi e rane attualmente in corso le uniformi possono sembrare inedite, ma la guerra di per sé ha ben poco di nuovo, come ci ricorda Auden in *Under Which Lyre*:

> But Zeus' inscrutable decree
> Permits the will-to-disagree
>   To be pandemic,
> Ordains that vaudeville shall preach
> And every commencement speech
>   Be a polemic.
>
> Let Ares doze, that other war
> Is instantly declared once more
>   'Twixt those that follow.

Precocious Hermes all the way
And those who without qualms obey
  Pompous Apollo.

Brutal like all Olympic games,
Though fought with smiles and Christian names
  And less dramatic,
This dialectic strife between
The civil gods is just as mean,
  *And more fanatic.**

Tuttavia, è legittimo mettere in dubbio le ricorrenti accuse neoconservatrici secondo le quali l'università americana sarebbe caduta in mano alla sinistra militante – a una cricca di « visigoti in tweed », per dirla con Dinesh D'Souza, autore di *Illiberal Education: The Politics of Race and Sex on Campus*, best-seller del 1991. La formula è pittoresca, ma c'è da domandarsi se D'Souza abbia ben afferrato quei valori occidentali di cui paventa l'estinzione. Se si fosse informato sui visigoti, saprebbe che nel VI secolo essi fecero meraviglie per consolidare i resti malconci dell'ordine romano in Spagna, che il loro codice è giustamente considerato uno dei monumenti della giurisprudenza occidentale, e che adottando il cristianesimo come religione di Stato essi misero mano a un vasto e costoso programma di edilizia ecclesiastica. Non avrebbero potuto far meglio neanche se li avessero guidati William Bennett e il cardinale O'Connor. A dire il vero, dalla rivoluzione d'Ottobre in qua è successo di rado che la destra americana *non* si sia agitata per il numero di

---

* « Ma l'imperscrutabile decreto di Zeus / permette che la voglia di contrasto / sia pandemica, / ordina al varietà di predicare / e a ogni discorso inaugurale / d'esser polemico. // Se Ares sonnecchia, quell'altra guerra / è dichiarata subito di nuovo / tra coloro che seguono / in tutto Ermes precoce / e quelli che obbediscono senza esitare / al magnifico Apollo. // Brutale come tutti i giochi olimpici, / benché combattuta con sorrisi e familiarità / e meno drammatica, / questa lotta dialettica / tra dèi civili è altrettanto maligna, / e più fanatica ».

« radicali in cattedra » (secondo l'espressione di Roger Kimball) insediati nelle università, e per come le cose siano oggi diverse dal meno ideologizzato buon tempo antico. Si legge spesso della « politicizzazione » degli atenei in confronto, per esempio, agli anni Cinquanta. Ma poi si scopre che nel 1953 l'insigne filosofo Sidney Hook, in *Heresy, Yes. Conspiracy, No*, propugnava l'allontanamento dei comunisti dagli istituti americani, e affermava che nelle scuole della sola New York insegnavano già un migliaio di rossi:

« Anche se ognuno di costoro, secondo una stima prudente, avesse soltanto cento allievi in un anno, vorrebbe dire che ogni anno centomila studenti, nella sola città di New York, subirebbero un indottrinamento pernicioso dal punto di vista educativo. Di questi ... centinaia, influenzati dai loro insegnanti, finirebbero per aderire alle organizzazioni giovanili, dalle quali il movimento comunista trae i suoi seguaci più fanatici ».

Niente di nuovo sotto il sole, si è tentati di concludere. Se davvero negli anni Novanta i marxisti sono sul punto di impadronirsi dell'università, bisogna dire che agiscono con molta discrezione; ma questo, certo, può essere dovuto alle loro abitudini machiavellicamente dissimulatorie. In un recente sondaggio condotto dallo Higher Education Research Institute dell'UCLA fra 35.000 professori di 392 scuole, solo il 4,9% si sono dichiarati « di estrema sinistra », mentre il 17,8% (più del triplo) si dicono « conservatori ». Tutti gli altri si definiscono « *liberal* » o « moderati ». Perfino a Berkeley, *locus classicus* del radicalismo studentesco degli anni Sessanta e Settanta, solo una persona su trenta del dipartimento di sociologia si dichiara attualmente marxista.

Queste cifre vanno prese con una certa cautela: non tutti i *colleges* americani sono tolleranti verso i docenti dalle idee di sinistra come i *colleges* prestigiosi della Ivy League o quelli statali californiani, e nei *junior colleges* pubblici prevale in materia politica una ritrosia estrema. Ci sono ancora molte buone ragioni perché un accademico, dovendo rispondere a un questionario, preferisca apparire più di centro di quanto non sia. Nondimeno, entro certi limiti, i risultati di questo sondaggio sono probabilmente indicativi.

Quando si sente dire che l'università americana di oggi è « politicizzata », frequente accusa dei conservatori, sarà bene tenere a mente che lo è sempre stata. L'idea che prima degli anni Sessanta il mondo universitario fosse una sorta di regno ideale degli studi obiettivi, immune dalla contaminazione di interessi e orientamenti politici, è un mito: semplicemente, negli anni del dopoguerra le pressioni politiche andavano nella direzione opposta, e comportavano l'uso dei campus come fonte di informazioni per l'FBI e terreno di reclutamento per la CIA.

Se uno è d'accordo con noi sugli scopi e sull'uso della cultura, diciamo che è obiettivo; in caso contrario, lo accusiamo di politicizzare il dibattito. In realtà la politica entra dappertutto, e le rituali asserzioni dei conservatori sulla apoliticità delle loro posizioni culturali sono patentemente lontane dal vero. Nelle facoltà umanistiche ci sono professori sinistreggianti di varia sfumatura: ma perché non dovrebbero esserci? L'università deve educare gli studenti al dibattito, e un dibattito autentico *deve* includere sinistra, destra e centro, specie in tempi di conservatorismo come questi. L'obiezione che va fatta, semmai, alla sinistra nelle università americane non riguarda la sua presenza – perché è bene che ci sia e fiorisca liberamente –, ma il suo essere in gran parte opaca, piena di stereotipi e dedita a questioni marginali. Ma che dire dei conservatori che in larga misura occupano le cattedre meglio finanziate delle università americane e dirigono i grandi istituti universitari di economia, gestione aziendale e amministrazione pubblica, dalla Harvard Business School in giù? Le principali università americane sono grandi imprese che hanno enormi investimenti in titoli azionari e proprietà immobiliari, e tengono un piede nel governo tramite innumerevoli canali di consulenza. È inevitabile che le loro scelte si muovano lungo linee conservatrici, e così è sempre stato. Pretendere che tutto ciò sia « apolitico » è assurdo.

L'insegnamento tradizionale delle scuole americane, pur non essendo necessariamente la fabbrica di conformismo denunciata dagli odierni critici, era in realtà, almeno in parte, meno « disinteressato » di quanto sembri. Un esempio calzante sono i « corsi di civiltà occidentale ». Come hanno mostrato gli storici Carol Gruber e William Summerscales, questa materia (consistente in una rapida scorsa ai « valori culturali » e alla « formazione » della civiltà europea) entrò nei programmi quando, e perché, l'America scese in campo nel primo conflitto mondiale.[14] Il governo americano voleva che i suoi fantaccini usciti dal *college* sapessero per cosa combattevano; e a questo scopo istituì un corso di propaganda sulle finalità della guerra. L'intento era di produrre « baionette pensanti », secondo la felice espressione di un editoriale sullo « History Teacher's Magazine »; di aprire gli occhi alla gioventù americana sulla minaccia teutonica. Dopo l'armistizio, questo corso fu trasformato dalla Columbia University in un corso sulla « civiltà occidentale contemporanea » (prototipo di quelli odierni), con l'intento questa volta di sfornare studenti che non fossero, come disse un preside della Columbia, un « rischio per la democrazia », e a questo scopo vaccinandoli contro la nuova minaccia del bolscevismo, « elemento distruttivo della nostra società ».

Oggi il problema vero dell'istruzione universitaria americana non è il suo contenuto ideologico, ma il livello di preparazione degli studenti. È un problema che ha radici a monte, nelle scuole superiori, dove gli studenti «svantaggiati», in prevalenza negri, ricevono un'istruzione di base scandalosamente peggiore di quella dei bianchi. Grazie al basso livello dell'insegnamento preuniversitario, verso la fine degli anni Ottanta (come risulta da un'indagine svolta dal National Assessment of Educational Progress), nella fascia d'età dai 21 ai 25 anni, solo il 60% dei bianchi, il 40% degli ispanici e il 25% dei negri erano in grado di «ricavare informazioni da un articolo di giornale o da un annuario»; solo il 44% dei bianchi, il 20% degli ispanici e l'8% dei negri sapevano calcolare correttamente il resto loro dovuto quando pagavano il conto al ristorante; e solo il 25% dei bianchi, il 7% degli ispanici e il 3% dei negri capivano un orario degli autobus. Nessuna università può risolvere questa tragica situazione, sanabile soltanto con un drastico miglioramento della scuola superiore. La colpa non è degli studenti. Nel corso degli anni Ottanta gli studenti negri avviati al *college*, pur restando al di sotto della media dei bianchi nei termini dello Scholastic Aptitude Test, elevarono di 49 punti la loro media nazionale nei test verbali e matematici – per amara ironia, proprio quando l'amministrazione Reagan tagliava gli stanziamenti federali per le borse di studio universitarie destinate ai poveri.

Le università, nel cercare di risolvere rapidamente il problema tormentoso della disparità educativa, rischiano di peggiorare la situazione. Abbassare i requisiti di ammissione per promuovere la parificazione delle minoranze, per esempio, è un passo accettabile? Verso la fine degli anni Ottanta il campus di Berkeley decise che le percentuali dei nuovi studenti ammessi – negri, ispanici, asiatici e bianchi – dovessero corrispondere approssimativamente alla distribuzione demografica di questi gruppi nella popolazione della California settentrionale.

Il problema fu che tra gli studenti con diploma di scuola superiore che chiedevano di entrare a Berkeley, gli asiatici (cinoamericani e nippoamericani) si qualificavano nella misura del 30%, contro il 15% dei bianchi, il 6% dei *chicanos*, e solo il 4% dei negri. Il perché non era un mistero: i ragazzi asiatici lavoravano sodo e provenivano in genere da famiglie molto unite che li sostenevano e li facevano sgobbare. Così Berkeley cambiò i criteri di ammissione: ai negri si richiese, per entrare, solo un punteggio di 4800 su 8000, mentre la soglia per gli asiatici fu fissata a 7000. Naturalmente da parte della comunità asiatica vi furono proteste indignate. Nondimeno, il sistema dell'istruzione superiore continua a coltivare l'idea che gli studenti negri e di altre minoranze possano essere in qualche modo «abilitati» e messi in grado di «giocare alla pari» modificando i criteri di ammissione. Ma la sola cosa che un'università può ragionevolmente sperare di fare, in questo àmbito controverso, è aiutare gli studenti *intelligenti* svantaggiati a superare ostacoli che gli studenti *intelligenti* avvantaggiati superano più facilmente. Per quanto riguarda l'accesso alle università, la politica più equa, come sostengono Dinesh D'Souza e altri, sarebbe quella di collegare le facilitazioni alla povertà di uno studente, non alla sua estrazione etnica. Le università sono istituti di cultura superiore, non (almeno non principalmente) di terapia sociale. Hanno il diritto di abbassare i criteri d'ammissione e i livelli di insegnamento per permettere agli svantaggiati di stare al passo, a scapito del diritto all'istruzione degli studenti più capaci? Se si ritiene che le università siano un campo di addestramento delle *élites*, sia pure con l'accesso più largo possibile, la risposta dev'essere no. Ma l'atteggiamento più diffuso, nei docenti formatisi durante o dopo gli anni Sessanta, è ardentemente, quasi automaticamente antielitario. «Stando all'ideologia dominante» scrive il pedagogista Daniel J.

Singal[15] «è molto meglio rinunciare alla prospettiva dell'eccellenza che rischiare di avvilire uno studente. Anziché spronare gli allievi a proporsi obiettivi alti, gli insegnanti dedicano le proprie energie a far sì che i meno capaci non si sentano inadeguati ... spesso si avverte quasi un pregiudizio contro gli allievi bravi».

Se le cause dello scarso rendimento degli studenti negri, a paragone di quelli asiatici o bianchi, stanno troppo a monte nel sistema scolastico per poter rimediare alle soglie dell'università, abbassare i criteri di idoneità per i negri (o per chiunque altro) è, come osserva lo storico Eugene Genovese, «una finzione ... Se, com'è evidente, alcuni, negri o bianchi, partono con minori vantaggi culturali, minore preparazione e minore talento di altri, le "pari opportunità" non possono che risultare nel perpetuarsi dei livelli iniziali di ineguaglianza».[16] Secondo Genovese, alla base di questi tentativi di terapia sociale c'è «il convincimento radical-egualitario che tutti sono idonei e hanno diritto all'istruzione universitaria ... Abbiamo trasformato le nostre università da luogo di studi superiori in luogo di addestramento tecnico di giovani mal preparati, i quali hanno bisogno di una laurea per trovare lavoro in una società che insegue il pezzo di carta». Se in America non si desse tanta importanza astratta ai diplomi universitari, il problema forse non svanirebbe, ma potrebbe almeno ridimensionarsi. Per la maggior parte dei lavori di questo mondo una laurea non è necessaria, mentre è assolutamente indispensabile saper leggere, scrivere, far di conto e interpretare delle informazioni base (o almeno questa è l'esperienza, dovrei forse aggiungere, di uno come me che ha lasciato l'università senza laurearsi). Il feticismo della laurea ha avuto l'effetto precipuo di far sembrare di second'ordine il lavoro pratico qualificato; ha svilito gli oggetti della grande litania di Walt Whitman in *A Song for Occupations*:

Strange and hard that paradox true I give,
Objects gross and the unseen soul are one.
House-building, measuring, sawing the boards,
Blacksmithing, glass-blowing, nail-making, coopering,
tin-roofing, shingle-dressing,
Ship-joining, dock-building, fish-curing, flagging of
sidewalks by flaggers,
The pump, the pile-driver, the great derrick, the coal-
kiln and brick-kiln,
Coal-mines and all that is down there, the lamps in the
darkness, echoes, songs, what meditations, what
vast native thoughts...*

Inoltre, ammonisce Singal, non si è dedicata attenzione sufficiente alla crisi che si sviluppa all'estremo opposto della gamma sociale, razziale e scolastica: gli studenti benestanti, educati per lo più nelle scuole dei sobborghi ricchi, che dalla metà degli anni Settanta «arrivano all'università così mal preparati da avere un rendimento molto inferiore alle loro possibilità, spesso al limite dell'incapacità funzionale». Nel 1970 gli studenti entravano in un *college* importante (Columbia, Swarthmore, Università di Chicago) con un punteggio medio, nei test di conoscenza del linguaggio, di 670-695 su un massimo di 800. A metà degli anni Ottanta la media era scesa a 620-640. Con poche eccezioni (soprattutto le migliori università del Sud, dove il punteggio dei test, dopo la piena abolizione della segregazione razziale, è *migliorato*), lo stesso andamento si è avuto in tutti gli Stati Uniti. Una volta entrati all'università, l'istruzione che gli studenti ricevono (quando i loro

---

* «Per quanto strano e arduo sia il paradosso che io do per vero, / gli oggetti grossolani e l'anima invisibile sono tutt'uno. / Costruire case, misurare e segare le assi, / lavorare il metallo o il vetro, fabbricar chiodi o botti, / rivestire di stagno i tetti, levigar listelli, / costruire barche e moli, affumicare il pesce, lastricare marciapiedi, / la pompa, il battipalo, la grande gru, il forno a carbone, la fornace per i mattoni, / le miniere di carbone e tutto ciò che si trova laggiù, le lampade nel buio, gli echi, i canti, tutte le meditazioni, i vasti pensieri nativi... ».

insegnanti non sono assorbiti dallo sforzo di portar-
li a livelli culturali e intellettivi che avrebbero dovuto raggiungere già nella media superiore) si adegua
alla loro ridotta capacità di leggere un testo, di va-
gliare l'informazione e di analizzare un'idea. Diventa così una flebile eco dell'insegnamento intensivo
offerto un tempo agli studenti, e delle aspettative in
essi riposte. Questo tipo di istruzione, tarata sulla limitata esperienza di vita e di idee degli studenti, come se questa fosse una sorta di assoluto pedagogico
(mentre un autentico insegnamento cerca di mettere in discussione ed espandere proprio questo limite), ha un debole per corsi superficiali che inculca-
no solo stereotipi in voga e mirano a evitare il più
possibile problemi ostici di contesto storico; trascura l'analisi e l'indagine critica, ma dà molto spazio
alle opinioni e ai sentimenti personali. I risultati di
questo infiacchimento si manifesteranno in pieno
negli anni Novanta, e la smania del politicamente
corretto (che è tutta imperniata sui sentimenti, e
sembra più diffusa tra i docenti che non tra gli studenti) è solo uno dei sintomi premonitori. Quando
l'antielitarismo degli anni Sessanta ha preso piede
nella scuola americana, infatti, si è portato dietro
una sconfinata, cinica indulgenza verso l'ignoranza degli studenti, razionalizzata come riguardo per
l'«espressione personale» e l'«autostima». Per non
«stressare» i ragazzi con troppe letture e troppi
sforzi cerebrali (cosa che, al contatto con richieste di
livello universitario, poteva far crollare le loro fra-
gili personalità), le scuole hanno ridotto la quantità
delle letture, riducendo così, automaticamente, anche la loro padronanza della lingua. Non esercitati
all'analisi logica, male attrezzati per sviluppare e capire un'argomentazione, non avvezzi a consultare
testi per documentarsi, gli studenti hanno ripiegato
sulla sola posizione che potevano rivendicare come propria: le loro sensazioni su questo o quello.
Quando gli stati d'animo sono i principali referenti

di un'argomentazione, attaccare una tesi diventa automaticamente un insulto a chi la sostiene, o addirittura un attentato ai suoi «diritti» o supposti tali; ogni *argumentum* diventa *ad hominem* e rasenta la molestia, se non la violenza vera e propria. «Mi sento molto minacciato dal tuo rifiuto delle mie opinioni su [barrare una casella]: il fallocentrismo / la Dea Madre / il Congresso di Vienna / il Modulo di Young». Provate a tramandare questa soggettivizzazione del discorso per due o tre generazioni di studenti che poi diventano insegnanti, con progressivo accumulo di diossine sessantottesche, e avrete il background entropico della nostra cultura del piagnisteo.

VIII

In tema di cultura la vecchia divisione fra destra e sinistra ha finito per assomigliare piuttosto a quella fra due sette puritane, l'una querimoniosamente conservatrice, l'altra che si atteggia a rivoluzionaria, mentre si serve delle recriminazioni accademiche per eludere l'impegno nel mondo reale. La setta A prende a prestito le tecniche della politica d'assalto repubblicana per dimostrare che, se l'avrà vinta la setta B, lo studio di Platone, Tiziano e Milton sarà sostituito da programmi di indottrinamento su oscuri scrittori del Terzo Mondo e pittori di murales messico-californiani, e ne seguirà il crollo dei pilastri dell'Occidente. Frattanto la setta B è così arenata nelle proprie lagne da non riuscire a mettere in piedi una difesa soddisfacente, perché ha bruciato quasi tutti i ponti con la cultura in generale (e nei momenti di maggior narcisismo nega che esista ancora il comune lettore intelligente, benché il problema più grave sia la carenza di comuni *scrittori* intelligenti). Con alcune insigni eccezioni quali Edward Saïd, Simon Schama o Robert Darnton, relativamente pochi di coloro che in America scrivono opere di storia, di biografia o di critica davvero di prim'ordine hanno una cattedra universitaria, anche se molti scrittori sono annessi alle università in qualità di eremiti ornamentali, o trofei, in quei passatempi terapeutici noti come «corsi di scrittura creativa». («Mi stupisco» scriveva nel lontano 1914 il dadaista-pugile Arthur Cravan in una filippica contro le scuole d'arte «che qualche imbroglione non abbia ancora pensato di aprire una scuola di scrittura». Ecco fatto). Ma nel complesso i contatti fra il mondo universitario e il comune lettore intelligente sembrano inariditi, vittime dell'ultraspecializzazione e delle deformazioni professionali del carrierismo accademico.

Nei dipartimenti letterari e umanistici della moderna università americana l'angolo visuale delle specializzazioni (per quanto riguarda le materie, i modi di pensare e soprattutto il linguaggio) è diventato così angusto, così costretto dalle minuzie teoriche, così affannato dalla ricerca di argomenti non ancora sfruttati per una tesi, che non riesce più ad avere prospettive più ampie. I discorsi accademici, per la maggior parte, non hanno speranza di raggiungere un pubblico profano. Bene, ribatte la difesa: chi si aspetta che il lavoro di un ricercatore del Massachusetts Institute of Technology sia letto, o anche solo vagamente afferrato, dai profani? In posti come quello gli scienziati lavorano ai confini della matematica e della fisica quantistica, in aree così rarefatte che non più di altri trenta specialisti in tutto il mondo sono in grado di capire le loro pubblicazioni; e con ciò? L'università non ha forse il compito di promuovere la conoscenza «inutile», ossia le ricerche scientifiche apparentemente senza attinenza col modo di vivere della gente comune e incomprensibili a tutti, eccetto che a uno sparuto manipolo, nella legittima convinzione che possano un giorno diventare quanto mai «attinenti»? Nella scienza, per ogni percorso che si trasforma in autostrada, ci sono mille vicoli ciechi, e la ricerca deve esplorarli tutti o perire.

Tutto vero, ma se si applica questo discorso all'àmbito umanistico cominciano i guai, perché l'apprezzamento dell'arte e della letteratura non ha nessunissima base scientifica; la moneta che vi circola è quella non quantificabile del sentimento, dell'intuizione e (di tanto in tanto) del giudizio morale, e non c'è nessuna «verità» oggettiva a cui la critica possa «scientificamente» rifarsi. Il critico Louis Menand osserva che l'istituzione che presiede alla critica letteraria accademica americana, la Modern Language Association (MLA), fu fondata nel 1883 da alcuni filologi, «studiosi il cui lavoro era effettivamente scientifico, e poteva quindi essere valutato "oggettivamente"». Soltanto nel 1950 la MLA aggiunse al suo statuto il termine «critica»; e lo fece soltanto perché la critica si presentava come cosa sempre più fondata sulla teoria, e quindi come contributo alla *conoscenza*, non semplicemente alla somma delle opinioni. L'ossessione della teoria, combinata con la mancanza di talento scrittorio, crea la prosa terrificante della critica letteraria accademica. Nessuno vuole tornare ai vecchi modi del pomposo bellettrismo «umanistico» che teneva il campo prima dell'avvento, quarant'anni fa, dei «Nuovi Critici»; ciò non toglie che lo stato presente degli scritti accademici umanistici sta a mezza strada fra un barbiturico e uno scandalo.

Per giustificare la propria esistenza e sopravvivere quando in America il modello dell'istruzione superiore era scientifico, le facoltà letterarie dovettero presentarsi come la punta di diamante di nuove tecniche. Di qui l'uso di gerghi che non hanno riferimenti al di fuori della sfera accademica; di qui, anche, il distacco tra la critica accademica e gli scritti molto più comprensibili su argomenti affini che appaiono in pubblicazioni extrauniversitarie. Scrive Louis Menand:

«... il mondo accademico è in massima parte un mare di conformismo, e ad ogni nuova ondata teorica e metodologica tutti i pesci seguono la corrente. Vent'anni or sono, all'università, ogni critico letterario parlava dell'Io, della sua autonomia e del suo terribile isolamento. Oggi qualsiasi accademico che si rispetti evita questa parola come la peste, perché l'"Io" è diventato il "soggetto", e il soggetto, ognuno concorda senza riserve, è una costruzione contingente ... ciò che dovrebbe essere più sconfortante per tutti è l'assoluta prevedibilità di quasi tutte le pubblicazioni della critica accademica».[17]

Lo status della ricerca e delle pubblicazioni è alto, e quello dell'insegnamento vero e proprio sproporzionatamente basso. Sempre più si richiede agli studenti di fare il lavoro materiale di ricerca per la prossima monografia del professore. Le università americane preservano, per così dire nell'ambra, il sistema medioevale dell'apprendistato. In parte, esse vi sono costrette dalla loro stessa espansione. Quando gli studenti sono tanti che il professore non può insegnare a tutti, e i fondi sono limitati, la soluzione è usare «assistenti» pagati una miseria; quando il professore ritiene che il suo dovere accademico stia più nel pubblicare che nell'insegnare, può fare appello a una squadra di «ricercatori» – gli studenti stessi – perché lavorino in sua vece. Alcuni vedono in ciò un buon tirocinio per menti nonconformiste e indagatrici. Altri, con ragione almeno pari, vi scorgono una forma di soggezione che porta al conformismo e all'opportunismo.

Quando i vecchi studenti della Nuova Sinistra anni Sessanta rientrarono nelle università come docenti, videro le esaltanti speranze della loro giovinezza sgonfiarsi dopo il 1968, crollare con il riflusso degli anni Settanta, e nel 1980 ridursi a pura archeologia. Nessuno di quei bei sogni si era avverato.

La loro reazione a questo trauma fu di allontanarsi dal marxismo classico, col suo accento sulle lotte economiche e di classe, e di abbracciare le più eteree e paranoidi teorie della scuola di Francoforte: Theodor Adorno, Herbert Marcuse.

Per questi pensatori, tutta la vita umana è governata da meccanismi repressivi, insiti non nella politica manifesta, bensì nel linguaggio, nell'educazione, nel divertimento, insomma nell'intera struttura della comunicazione sociale.

A questo si aggiunse il credo del post-strutturalismo francese, illustrato da Michel Foucault e da Jacques Derrida, secondo il quale il « soggetto » – il singolo agente pensante, l'« io » di ogni proposizione – è un'illusione: resta solo il linguaggio, non la mentalità. Da qui la frustrazione – senza alcun modo di superarla – di fronte ai sistemi ipoteticamente repressivi che pervadono la cultura circostante. C'erano una volta gli scrittori, ma adesso c'è solo la « funzione-autore », come la chiama con dileggio Foucault. L'intellettuale, in queste condizioni, è privo di potere e di controllo quanto un salmone in un fiume inquinato, con la sola differenza che noi, diversamente dal pesce, *sappiamo* che l'acqua è avvelenata.

Quindi, in base a questa teoria, noi non abbiamo alcun controllo sulla nostra storia né potremo mai averlo. Opinando che la verità è inconoscibile, dobbiamo diffidare di qualunque proposizione, tranne dell'assioma che tutte le proposizioni sono sospette. Sarebbe difficile immaginare un vicolo cieco peggiore di questo, o più autoritario. John Diggins, in *The Rise and Fall of the American Left*, esprime il concetto in due parole: «Oggi la missione dell'intellettuale non è più quella illuministica di promuovere la conoscenza per far progredire la libertà: è quella di seminare diffidenza. Il prestigio di cui gode il post-strutturalismo francese nella vita accademica americana ... risponde a un bisogno profondo, il bisogno, se non altro, di razionalizzare un fallimento ». L'intellettuale che immagina di poter sfidare lo *status quo* sostenendo l'inutilità del linguaggio è già battuto in partenza; ed è per questo che il post-strutturalismo – anche se nell'ultimo decennio ha riempito le aule dei seminari e ci ha dato una montagna di scritti critici, per lo più illeggibili, insieme a qualche esempio didascalico di arte neoconcettuale – ha influito così poco sul modo di scrivere, di pensare e di agire dei comuni mortali. E rimane per lo più un'*enclave* di astratta lamentazione.

Fuori dal suo perimetro, la vita, il linguaggio e la comunicazione reali vanno avanti. Alla fine degli anni Ottanta, mentre gli accademici americani macinavano vacue teorie sulla morte del linguaggio e del soggetto pensante, l'anelito alla libertà e alla cultura umanistica demoliva i pilastri stessi della tirannia in Europa. Certo, se gli studenti cinesi avessero letto Foucault avrebbero saputo che la repressione era insita in ogni linguaggio, incluso il loro, e si sarebbero risparmiati il fastidio di affrontare i carri armati in piazza Tien An Men. Václav Havel e i drammaturghi, gli intellettuali e i poeti suoi colleghi hanno forse liberato la Cecoslovacchia citando i detti di Derrida o Lyotard sull'imperscrutabilità dei testi? Sicuramente no: l'hanno fatto confidando nella capacità del pensiero di trasformare la realtà, facendo leva sull'immensa ruota della parola. Il mondo sta cambiando, in modo più profondo, ampio ed elettrizzante di quanto non abbia fatto dal 1917 in qua, o forse dal 1848; e la sinistra accademica americana continua ad agitarsi su quanto il ritratto che Dickens fa della Piccola Nell sia intriso di fallocentrismo.

Lo scrittore che si affaccia in questo ambiente si sente come Gulliver in visita alla Reale Accademia di Lagado, con i suoi austeri «progettisti» impegnati a estrarre i raggi del sole dai cetrioli, a costruire case partendo dal tetto e a ridare potere nutritivo alla merda umana, convintissimi del valore del loro lavoro. Mi viene in mente anche l'Australia, terra delle cause perse biologiche: come i marsupiali macropodi e i mammiferi ovipari (i canguri, gli wallaby, le echidne, gli ornitorinchi), molto dopo essersi estinti in tutto il resto del globo, prosperarono indisturbati sulla loro scheggia di continente staccatasi dal primevo Gondwana, così gli ultimi derridiani, lyotardiani e baudrillardiani sono ancora lì che saltano e stronfiano per gli atenei americani anni dopo che i loro mentori intellettuali hanno smesso di interessare i francesi. Ed è questa gente a lagnarsi del colonialismo culturale!

Sul finire degli anni Ottanta il direttore delle Presses Universitaires de France, Nicos Poulantzas, si sforzava di completare una vasta collana di libri sul marxismo e la vita contemporanea, avviata negli anni Settanta: Marx e la cucina, Marx e lo sport, Marx e il sesso, Marx e vattelapesca. Ma non c'era verso: da tempo Poulantzas aveva esaurito gli scrittori francesi fissati con Marx. «La nostra sola speranza è l'America» egli confidò sconsolato a un collega, poco prima di suicidarsi.

Il perdurare dell'influsso marxista sulla sinistra accademica americana – tanto che vi si possono ancora trovare un paio di althusseriani – è una prova del potere della nostalgia. C'è e ci sarà sempre motivo, per i giovani, di studiare Marx: a cominciare dal fatto che non si può capire il Novecento se si prescinde dall'immenso impatto che le sue idee, e le interpretazioni delle sue idee, hanno esercitato sulla politica mondiale.

Nondimeno il marxismo è morto; questo capitolo della storia è chiuso. La sua carcassa, col prosciugarsi dei fluidi e l'espandersi delle sacche di gas, continuerà a emettere suoni e odori; gli europei un tempo comunisti continueranno a rinascere in veste di ultranazionalisti, come il genocida presidente serbo Slobodan Milošević, ex *apparatčik*. Molti di coloro che soddisfacevano il proprio gusto del potere burocratico entro la struttura imperiale del comunismo continueranno a dissetarsi alle nuove fonti del nazionalismo locale.

Questa gente, per quanto indegna di rispetto, è almeno più realista degli intellettuali che sospirano dietro a Marx e a Lenin e alla loro promessa svanita. Il fatto è che il marxismo ha perso la scommessa fondamentale fin dall'inizio, puntando tutta la sua pretesa inevitabilità storica sull'idea che l'umanità si sarebbe divisa secondo categorie di classe e non di nazionalità. In questo si sbagliava. E siccome i vincoli di nazionalità erano tanto più forti di quelli di classe, la Rivoluzione si poté esportare solo in tre modi: per conquista diretta da parte di Mosca, come nell'Europa dell'Est; mediante la reinvenzione di antiche strutture xenofobe e autoritarie con patina « marxista », come nella Cina di Mao; o come pratica forma di retorica che desse una legittimazione « internazionalista » a capi e *caudillos* nazionalisti, come nella Romania di Ceausescu, nella Cuba di Castro e in una quantità di effimeri regimi africani. Ma la promessa basilare del marxismo, un'Internazionale di lavoratori uniti da interessi comuni in quanto forza transnazionale, si è rivelata un'assoluta chimera. Il nazionalismo sopravvive. Mezzo secolo dopo la morte di Hitler, le bande neonaziste tedesche fanno manifestazioni, tengono concerti di « rock dell'odio » e bruciano gli immigrati turchi nei loro letti; in Italia una nipote di Mussolini è in politica. Invece, quarant'anni dopo la morte di Stalin non c'è in nessuna parte d'Europa uno schietto credente marxista al potere, o *vicino* al potere.

Il marxismo non ha nulla da dare all'America. Dal 1917, dopo tre quarti di secolo di esperimenti, è fallito in tutte le società in cui è stato applicato. Non ha prodotto che tirannia, miseria e mediocrità; e il fatto che sia spesso succeduto ad altri regimi a loro volta tirannici, mediocri e miserabili non mitiga il suo fallimento. Lo storico sa che non deve mai dire «mai», ma è altamente improbabile che grandi masse, nel futuro prevedibile, si sottomettano al giogo di un'ideologia politica stando alla quale l'umanità è in grado di discernere, giudicare e controllare oggettivamente tutto ciò che esiste in base a un programma «razionale» e «scientifico», a un unico modello propagato da una pianificazione centrale. Il marxismo si è contrapposto al nazionalismo, si è diffuso adattandovisi, e dal nazionalismo è stato abbattuto.

Qui sta lo straordinario paradosso dell'attuale dibattito americano sul «multiculturalismo». La sinistra accademica professa di vedervi i semi di una promessa radicale: il marxismo è passato attraverso le fiamme del proprio dissolvimento ed è rinato come «eroe dai mille volti» (il multiculturalismo, appunto). Chi sostiene questa ipotesi si comporta come se il fondamentale conflitto tra marxismo-leninismo e specificità nazionale non fosse mai esistito; come se ci fosse un residuo di verità nella pretesa, ormai violentemente smentita, che il marxismo renda una nazione più conscia del proprio essere. Inoltre, ciò che resta della sinistra vorrebbe attribuire la ridondante qualifica di nazionalità alle comuni differenze interne di una società – sesso, razza, modelli sessuali –, come se esse incarnassero non solo diversità culturali, ma addirittura autonome «culture» a pieno titolo. Al tempo stesso, i conservatori americani tendono a considerare credibile questo futile tentativo di arruolare il multiculturalismo al servizio di un ricupero postmarxista. Non c'è più un Marx da combattere; e allora partiamo lancia in resta contro Multi, vaga idra pluricipite. Così la reciproca ossessione intrappola le due parti nella trincea, marginale e altrimenti vuota, di un'estinta Guerra fredda.

Come potrebbe un autentico multiculturalista – uno che abbia a cuore le differenze di cultura, di aspirazioni e di storia tra le varie società o i vari gruppi – sposare una dottrina che, in nome della «liberazione», voleva imprigionare tutta l'umana diversità in un unico modello internazionalista e pseudo-scientifico? Per giunta, con buona pace dei nostalgici, non occorre essere degli ideologi per scoprire l'oppressione e l'ingiustizia e per volerle combattere: molti uomini e molte donne ardono d'indignazione nel vedere i forti privare i deboli della speranza sin da prima del *Manifesto del Partito Comunista*, e continueranno a voler riparare i torti che il ricco infligge al povero anche quando l'ultimo regime marxista sarà crollato da un pezzo.

Eppure, in America c'è chi fa ancora qualche malinconico sforzo per salvare un'astratta «pura essenza» delle idee di Marx dal loro naufragio nel mondo reale: dato che l'America, a differenza della Russia, della Cina o di Cuba, non ha mai avuto un governo marxista né niente che gli somigliasse, le speranze e le fantasie millenaristiche del marxismo non sono mai state messe alla prova. Quindi i radicali americani hanno sempre potuto baloccarsi con le promesse ideali del marxismo, senza dover convivere con la triste realtà della loro attuazione. Così come il cristianesimo finirebbe se tornasse il Messia, conservare una qualche fede marxista dopo il crollo del comunismo europeo è possibile solo a patto di ridefinirsi «postmarxisti» e di concentrarsi sul linguaggio anziché sui fatti.

Nelle università, pertanto, ciò che conta è la politica della cultura, non la politica della distribuzione della ricchezza né la politica delle realtà della sfera sociale, quali la povertà, la diffusione della droga e l'aumento della criminalità. La sinistra accademica è molto più interessata a questioni di sesso e razza che non di classe; ed è di gran lunga più dedita a teorizzare sulla razza e sui sessi che non a farne una seria analisi. Ciò permette ai suoi luminari di sentirsi all'avanguardia del cambiamento sociale senza doversi affannare in ricerche sul campo; e la « sinistra tradizionale » è rimasta un bel tratto indietro, impelagata nei dimessi e rifritti discorsi sugli operai. Meglio rovistare nella cultura pop e mostrare come le strutture coercitive siano « interiorizzate » da talune sue espressioni e « messe in discussione » da altre: un processo ovviamente inseparabile dalle proteiformi energie del capitalismo, che ogni giorno reinventa la sua oppressiva identità tramite la cultura popolare, al fine di trovare modi sempre nuovi e migliori di trasformarci in docili consumatori. Parte integrante di questa ricerca di oggetti di poco conto su cui teoria e metateoria possano edificare le loro massicce, estrose incrostazioni sono inflazione e svalutazione. Ciò che conta è la *quantità* della « produzione di conoscenza », non la sua qualità. Quindi, nelle parole di Gerald Graff, professore di inglese e di pedagogia a Chicago:

« ... i criteri angusti della dimostrazione, della documentazione, della coerenza logica e chiarezza espositiva devono cedere il campo. Insistervi pone un freno al progresso. Di fatto, applicare alle pubblicazioni accademiche odierne criteri rigorosi di oggettività e riscontro equivarrebbe, in materia economica, al ritorno dell'America al tallone aureo; l'effetto sarebbe l'immediato collasso del sistema ».[18]

Questa mentalità ha tracimato in tutti i settori della critica culturale, e in gran parte di essi è di rigore. Nel maggio 1992, nel corso di un programma di conferenze del Whitney Museum centrato sulle tesi di storia dell'arte di borsisti e aspiranti al dottorato, programma avente come tema generale «Femminilità e mascolinità: struttura della differenza e violazione dei confini nell'arte e nella cultura americana del Novecento», un candidato al Ph.D. dell'Università di New York di nome Christopher Davis propose una teoria su «La struttura della mascolinità nel cinema comico muto». Davis proiettò vari spezzoni, tra i quali uno di *Wild and Woolly* in cui Douglas Fairbanks finge di cavalcare, e un altro di *The Freshman* [La matricola] dove Harold Lloyd agita le braccia incitando a pieni polmoni una squadra di football. Cosa fanno i due attori? Si masturbano, perché il loro corpo «si muove in modo sussultorio e ripetitivo». E: «Nel film di Lloyd la rappresentazione del masturbarsi è così elaborata che anche il testo scritto – le lettere bianche dei sottotitoli – diventa una sorta di eiaculazione testuale, un'esplosione grafica di parole che rispecchia lo sfogo del ragazzo che si masturba». E perché i giovanotti degli anni Venti andavano a vedere l'autoerotismo subliminale di Harold Lloyd? Perché, mentre un tempo «la mascolinità era strettamente legata al possesso di un pezzo di terra», coloro che vivevano in un'America industrializzata e urbanizzata «non avevano più un simile luogo per diventare uomini ... privi dei mezzi per svilupparsi come uomini, per controllare lo spazio del proprio lavoro, molti trovavano nel cinema uno spazio fittizio in cui la mascolinità ... poteva fiorire». E in cui, presumibilmente, anche loro potevano masturbarsi senza allarmare la mamma.

Balordaggini di questo genere, non sorrette da una parvenza di prova, abborracciate in base a spunti vagamente «radicali», fanno sempre più spesso le veci di un'analisi culturale. E la dissertazione di Davis non era assolutamente più sciocca di altre sentite quel giorno al Whitney Museum.

Madonna è un argomento d'elezione per simili solfe. Ammantata di teorie vedo-non-vedo, ora trasparenti, ora opache, la cantante è diventata la pin-up di punta del mondo accademico americano. Come ha detto Daniel Harris sul « Nation »,[19] Madonna « è stata reclutata per il ruolo vistosamente improbabile di portavoce dei valori e degli interessi professionali dei docenti universitari ». C'è una Madonna lacaniana, una baudrillardiana, una freudiana, una foucaultiana; un po' come nel cattolicesimo mediterraneo si può invocare la Madonna di Loreto, di Fatima o di Lourdes. Una studiosa marx-femminista come Melanie Morton può spiegare che le sue melodie « impediscono quella che in termini narrativi chiameremmo una conclusione ideologica. Non c'è una ricapitolazione che consolidi il potere e stabilisca (o ristabilisca) un elemento come dominante ».

Così la bionda vamp fa saltare in aria il potere costituito: mina le « costruzioni capitalistiche » e « rifiuta il nocciolo dell'episteme borghese » – un'affermazione che farebbe scalpore presso i miei datori di lavoro della Time Warner, i quali hanno recentemente versato a Madonna sessanta milioni di dollari di diritti. Come rifiuto non c'è male. La verità è meno estrema: certi accademici vogliono una porzioncina del lustro spettacolare fornito dalla cultura di massa. Abbagliati dal suo luccichio e dal suo blablabla, sono più dei *groupies* che dei ribelli. La sequenza è prevedibile. Ice-T o Sister Souljah cantano i loro rap dove si parla di far fuori i bianchi, e si definiscono « rivoluzionari ». Poi un dirigente della Time Warner, che ha distribuito le esortazioni di Ice-T a uccidere i poliziotti, difende il diritto dell'azienda a produrre questi brani, con accenti vibranti che ricordano l'*Areopagitica* miltoniana. Dopo tali giaculatorie entrano in scena gli studiosi, con dotte disquisizioni sulla promessa rivoluzionaria dei sedicenni di strada. Ed ecco farsi avanti i conservatori, che si torcono le mani al modo del compianto Allan Bloom per il rap, il rock e le immeritate estasi dionisiache della multicultura di massa. Frattanto si è perso per strada il fatto ovvio che rap e hip-hop non sono gli agenti di un'apocalisse desiderata o temuta, ma una moda come un'altra. E si è perso perché uno schieramento ha bisogno dell'altro, in modo che ciascuno possa dare al suo programma la dimensione di una battaglia escatologica per l'anima dell'America. L'universitario progressista e il conservatore culturale sono avvinghiati in una *folie à deux* in piena regola che li sorregge entrambi, e la sola persona che ciascuno dei due detesti più dell'altro è quella che dice a tutti e due di non prendersela tanto. Tale è l'ultima mutazione del retaggio puritano in America.

Se la sinistra americana vuole rivitalizzarsi, deve imparare di nuovo a parlar chiaro, rientrare nel mondo della dura realtà, ricuperare per sé non solo i princìpi dell'Illuminismo ma la lingua di Tom Paine* e di Orwell – e non ci riuscirà mai con l'impaccio del suo attuale bagaglio teorico. Se nel poststrutturalismo e nel neomarxismo accademici permane un'illusione di radicalismo, è solo in virtù dell'opposizione conservatrice. La destra ha bisogno di una sinistra: se i bastioni della cultura occidentale non fossero assediati di continuo, che ne sarebbe dei loro difensori? Il flusso di denaro che dai pingui forzieri della famiglia Scaife e della Olin Corporation giunge alle campagne di denuncia delle sentinelle neoconservatrici si prosciugherebbe. (Il coro dei conservatori che accusano di parassitismo la « ben sovvenzionata sinistra universitaria », e intanto ricevono i loro bravi sussidi da varie fondazioni di destra, è davvero uno dei portenti della vita intellettuale di questo paese). La situazione del conservatorismo americano di fronte alla morte dell'i-

---

* Thomas Paine (1737-1809), agitatore politico, scrisse il pamphlet *Common Sense* a favore dell'indipendenza delle colonie americane, che si studia a scuola [*N.d.T.*].

deologia marxista, sua nemica-nutrice, richiama in modo irresistibile alla mente la domanda che Constantinos Cavafis faceva più di ottant'anni fa:

> – E perché
> tutti sono nervosi? (I volti intorno
> si fanno gravi). Perché piazze e strade
> si vuotano ed ognuno torna a casa?
>
> – È che fa buio e i Barbari non vengono,
> e chi arriva di là dalla frontiera
> dice che non ce n'è più neppur l'ombra.
>
> – E ora che faremo senza i Barbari?
> (Era una soluzione come un'altra,
> dopo tutto...).*

I barbari tuttofare che oggi vanno per la maggiore si chiamano « multiculturalisti ».

* Constantinos Cavafis, *I Barbari*, trad. it. di Eugenio Montale, in *Quaderno di traduzioni*, Mondadori, Milano, 1982.

MULTICULTURA E MALCONTENTI

I

L'oggetto ossessivo dello sterile contendere tra i due p.c. (il « politicamente corretto » e il « patriotticamente corretto ») va sotto il goffo nome di « multiculturalismo ». Questa parola è diventata un cliché che ha tanti significati quante sono le bocche che la pronunciano.

Il collegamento tra multiculturalismo e correttezza politica ha sollevato un gran polverone, trasformando quello che dovrebbe essere un disinteressato riconoscimento delle diversità culturali in un inutile programma simbolico, intasato dal gergo veterosinistrese. Da lì è germogliata la retorica del separatismo culturale.

Ma il separatismo non è, come sostengono certi conservatori, l'inevitabile risultato del multiculturalismo. Le due cose sono in realtà contrapposte.

Il multiculturalismo afferma che persone di radici diverse possono coesistere, possono imparare a leggere la banca immagini di un altro, possono e devono guardare al di là delle frontiere di razza, lingua, sesso ed età senza pregiudizi né illusioni, e imparare a pensare sullo sfondo di una società eterogenea; osserva, sommessamente, che alcune delle cose più interessanti della storia e della cultura avvengono nell'interfaccia tra più culture; vuole studiare situazioni di confine, non solo perché affascinanti in sé, ma perché la loro comprensione può essere fonte di un poco di speranza per il mondo.

Il separatismo nega la validità e la possibilità stessa di un simile dialogo. Rifiuta lo scambio. È un multiculturalismo inacidito, fermentato nella disperazione e nel rancore, e che (in America, se non in Bosnia-Erzegovina o in Medio Oriente) sembra destinato al fallimento. Usare le conseguenze culturali delle diversità americane come strumento per spezzare la comunità civile serve solo a spezzare lo strumento.

Con le sue sette sillabe, «multiculturalismo» è una parola sgraziata, ma se fosse esistita trent'anni fa, quando mi preparavo a lasciare l'Australia, l'avrei adottata senza esitazione. Chi espatria rinuncia a una parte della propria cultura natale – non puoi portartela dietro tutta – in cambio di ciò che ricaverà dai suoi viaggi. Imparare altre lingue, entrare in contatto con altri costumi e credenze per esperienza diretta e con una certa dose di umiltà: queste sono palesemente cose buone, mentre il provincialismo culturale non lo è.

Uno dei momenti più sgradevoli della mia vita scolastica fu quando dovetti alzarmi, davanti ai compagni e al nostro insegnante gesuita, e improvvisare in latino un commento di quattro minuti sul famoso detto di Orazio, *Coelum non animum mutant qui trans mare currunt* – «Cambiano cielo, non animo, coloro che varcano il mare». Ero a disagio non solo per via del mio scarso latino, ma perché trovavo falso il *concetto*: la sentenza di un romano soddisfatto di sé e indifferente al resto del mondo. Un Orazio egemonico.

Ma gli australiani erano per lo più dalla sua. Il motto dell'Università di Sydney esprimeva soddisfazione per il vincolo coloniale: *Sidere mens eadem mu-*

tato, altra versione del pensiero imperiale oraziano – «Lo stesso spirito sotto un cielo diverso».

La nostra istruzione ci preparava a essere dei piccoli inglesi, sia pure con l'accento nasale; ma dagli inglesi veri e propri non saremmo stati accettati per tali, non eravamo all'altezza. Non accadeva mai che i versi di un poeta australiano fossero accolti nelle antologie di poesia inglese; il nostro destino nazionale era di leggere quelle antologie, mai di contribuirvi. Ci sembrava naturale che il capo del nostro Stato, dotato del potere costituzionale di deporre qualunque Primo Ministro australiano democraticamente eletto, fosse una giovane inglese che viveva a quattordicimila miglia di distanza. Quale australiano indigeno poteva essere degno di considerazione come questa regina? Il nostro Primo Ministro, Robert Menzies, l'ultimo australiano autenticamente «imperiale», diceva che noi eravamo «gli uomini della regina», «inglesi fino alla punta dei capelli». Quando gli chiedevano quale fosse il suo sogno di felicità una volta lasciata la politica, rispondeva senza esitare: «Un cottage nel Kent con le pareti foderate di libri».

Allora la nostra era una piccola società angloirlandese composta al 95% di bianchi; nelle scuole si studiava il latino ma non l'italiano, il greco antico ma non quello moderno. Ciò che del mondo imparavamo a scuola proveniva dalla grande tradizione (e uso la parola senza ironia) della letteratura e della storia inglesi. Delle grandi religioni del mondo che non fossero il cristianesimo – ebraismo, buddhismo, induismo, islam – eravamo beatamente ignari, come una fila di gatti davanti a un televisore; ammesso che nel 1955 l'Australia avesse la televisione, che per fortuna non aveva. Non incontrai un ebreo finché non arrivai all'università; e potete immaginare quale fosse l'orientamento dei gesuiti riguardo all'Inquisizione spagnola e alla politica di Ferdinando e Isabella. Un episcopale non sapevo nemmeno cosa fosse, e solo verso i vent'anni ebbi la mia prima (breve) conversazione con un aborigeno australiano. All'Università di Sydney gli aborigeni non figuravano – né in qualità di studenti, né tanto meno di insegnanti. I colonizzatori originari dell'Australia (discendenti di coloro che trentamila anni prima di Cristo erano arrivati a piedi e a remi lungo la catena di isole che stanno tra il «nostro» continente e l'Asia) erano del tutto sconosciuti a noi bianchi di città, e la loro storia e la loro cultura rientravano in una casella etichettata «antropologia», indicante lo studio di genti esotiche con cui non si aveva nulla in comune e la cui cultura non poteva dare alcun valido contributo alla nostra. Pensarla così era un modo subliminale di scansare il sospetto che, quanto a contributi, la nostra avesse dato alla loro solo sventura e morte.

Mio padre, che era nato nel 1895, parlava dell'Asia come tutti gli altri australiani della sua generazione. La vedeva come una minaccia – comprensibilmente, dato che dal 1941 al 1945 l'Australia era stata in guerra col Giappone e aveva perso molti giovani nelle isole del Pacifico, in Nuova Guinea, sulla Strada della Birmania e negli infernali campi di concentramento come quello di Changi. Solo per un soffio, e grazie alla forza delle armi americane, avevamo evitato di essere cooptati nella Sfera di Co-prosperità dell'Asia Orientale Allargata, come la chiamava il generale Tojo.

Queste esperienze nazionali, miste a una lunga tradizione di sinofobia (la selettiva politica di immigrazione dell'«Australia bianca» derivava da una legge della sinistra, intesa in origine a non far entrare manodopera cinese a basso costo), non predisponevano neanche gli australiani intelligenti, com'era mio padre, ad apprezzare la calligrafia zen o le finezze della cerimonia del tè. Mio padre teneva in una credenza (non al muro) una bandiera giapponese catturata, e io di tanto in tanto tiravo fuori quel consunto rettangolo di cotone con lo sgargiante cerchio rosso e uno strappo sfilacciato (il foro di una pallottola, supponevo) e pensavo che senza l'aiuto della grazia divina quella bandiera avrebbe potuto sventolare sopra il Royal Sydney Golf Club (i giapponesi, all'epoca, non giocavano a golf).

Oggi, nonostante le nostre vaghe generalizzazioni sulla cultura «europea», chi parla più di «Asia» o di «asiatici»? Ci sono soltanto cinesi, giapponesi, indonesiani, cambogiani, ed entro queste categorie nazionali esiste tutto un complesso di identità e retaggi diversi che sfuggono al profano forestiero. Ma mio padre pensava in termini ancora più astratti. Di rado mi nominava l'Asia. La chiamava Estremo Oriente, intendendo il Vicino Settentrione, e non gli passava neanche per la testa di andarci. Estremo Oriente rispetto a dove? Rispetto al Paradiso Terrestre, cioè rispetto all'Inghilterra, un paese in cui egli aveva trascorso, dei cinquantasei che visse, meno di tre anni, intervallati da missioni di volo sopra la Francia ai comandi di un Sopwith Camel durante la prima guerra mondiale, per il suo re e per l'Impero. Oggi, se chiedi a un australiano dodicenne cosa pensa dell'«Oriente», lo metti in imbarazzo: cosa vorrà dire questo matusa? A oriente c'è la Nuova Zelanda; forse intende quella, oppure il Perù, che è ancora più a oriente.

Si può dire, dunque, che la mia è stata un'educazione monoculturale, anzi coloniale in senso classico, in quanto si concentrava sulla storia, la letteratura e i valori dell'Europa occidentale e in particolare dell'Inghilterra, e non molto altro. Aveva ben pochi rapporti con i temi dell'istruzione australiana d'oggi, che insiste fortemente sulla storia locale e sulla cultura delle minoranze, e su una visione non anglocentrica e meno sbilanciata delle questioni sociali. In Australia il «multiculturalismo» è la norma ufficiale da ormai quasi un ventennio, e i suoi effetti sono quasi interamente positivi. Esso rispecchia una realtà che abbiamo in comune con gli Stati Uniti, ancora più diversificati nonostante la loro ritrosia culturale: il fatto, per dirla in parole povere, che il passeggero seduto accanto a te su un autobus di Sydney può essere il discendente di un immigrato di data relativamente fresca – un piccolo commerciante di Skopelos, un meccanico di Palermo, un cuoco di Saigon, un avvocato di Hong Kong, un calzolaio di qualche *stetl* lituano –, così come il bis-bisnipote di un inglese o irlandese libero o deportato. La lunghezza delle proprie radici, distinta dalla loro tenacia, nel mio paese non significa più granché – nonostante le fugaci fitte di rimpianto che questo fatto può suscitare nella minoranza di australiani appartenenti a famiglie che lo abitano dalla maggior parte della sua storia (bianca). Già negli anni Settanta l'Australia aveva cessato di essere un paese «fondamentalmente britannico»; e non c'era modo di convincere la figlia di un immigrato croato del mistico legame che la univa al principe Carlo o a sua madre, né della sempiterna utilità, per la sua istruzione, della storia dei Plantageneti. È probabile che i giovani australiani – giù in quello sperduto angolo del globo che tanti americani continuano a immaginare come una specie di Texas diversamente amministrato – abbiano un quadro del resto del mondo (Vicino Settentrione incluso) molto più chiaro dei loro coetanei americani. Ce l'hanno grazie alla scuola, e di recente grazie alla televisione: il governo australiano finanzia non solo qualche programma, ma un'intera rete, la SBS, che sette giorni alla settimana trasmette notiziari, documentari, film e servizi da tutto il mondo, in venti lingue dall'arabo al tagalog (con sottotitoli in inglese). Figuriamoci gli strilli sdegnati sulla «frammentazione culturale» che si leverebbero dai mandarini del conservatorismo americano se Washington pensasse di spendere il denaro dei contribuenti per un progetto del genere. Eppure, se i programmi della SBS hanno qualche effetto sulla comunità australiana, è di cementarla mediante la tolleranza e la curiosità reciproca, anziché di frammentarla in aree culturalmente chiuse. In Australia, che non è l'Utopia ma una società di immigrati meno aggressiva di quella americana, un multiculturalismo intelligente opera a vantaggio sociale di tutti, e le previsioni delle cassandre conservatrici sulla creazione di una « Babele culturale » e simili sono considerate allarmismi antiquati e abbastanza di bassa lega.

II

Allora l'istruzione che ho ricevuto nei primi anni Cinquanta era ingannevole? Sono restio a pensarlo, ma non lo sarei in ogni caso?

Recentemente mi sono imbattuto in un libro di un mio compagno di studi all'Università di Sydney, che negli anni Cinquanta era ancora un immigrato relativamente fresco, un « nuovo australiano »: Andrew Riemer, un ebreo ungherese che era arrivato da Budapest nel 1946 con i genitori e aveva subìto le umiliazioni dell'esilio australiano (compresa quella di essere confinato in una classe di bambini ritardati perché parlava male l'inglese), e che adesso insegna letteratura inglese all'Università di Sydney. *Inside Outside* (1992) è una rievocazione delicata e acuta di com'era crescere in bilico tra la cultura angloaustraliana e le culture degli immigrati nel nostro paese rozzo, goffo e povero di fantasia; a un certo punto l'autore indica uno dei motivi per cui la vecchia istruzione anglocentrica che tutti ricevevamo aveva, dopotutto, i suoi pregi. Riemer era un ragazzo di città, e nei primi anni Cinquanta l'aspra bellezza e la grazia particolare del *bush* australiano non facevano parte della nostra esperienza suburbana; le trasformazioni della sensibilità prodotte dal movimento ambientalista, che oggi sono cosa comune, erano a malapena iniziate. «Nel nostro ambiente nulla suggeriva che la natura potesse esser fonte di meraviglia o di consolazione, e men che meno di trascendenza». I suoi insegnanti e i suoi mentori ebbero il torto di non accennare affatto alla natura australiana come fonte di ispirazione culturale: «per loro non era che deserto, il nulla spaventevole di un mondo vuoto». Questa lacuna veniva colmata dalla poesia inglese, specialmente quella sulla natura:

«Era, è vero, un'esperienza per procura, e forse valeva poco ... ma le parole di Tennyson rappresentavano per noi un'esperienza essenziale, a cui non potevamo accostarci in altro modo. La sua poesia e quella di Wordsworth, Keats e Shelley ... ci permettevano di evadere dalla bruttezza e dalla mediocrità del mondo in cui eravamo costretti a vivere, e di consolarcene. Né il mondo fisico che abitavamo né la poesia che esso produceva potevano offrirci un'evasione e una consolazione simili ... La letteratura dell'Inghilterra ci conduceva in quel mondo dell'immaginazione romantica che risponde a un bisogno essenziale dell'adolescenza. E provvedeva anche ad altri bisogni: un passato eroico e nobile in cui immedesimarci, e strutture etiche da cui derivare modelli per le nostre fantasie, se non per la vita reale».[1]

«Queste» soggiunge Riemer con un certo *understatement* «sono questioni spinose da sollevare nell'attuale clima di nazionalismo culturale». Tuttavia in me trovano certamente un'eco, anche se penso (da espatriato) che Riemer esageri quando aggiunge, parlando del presente: «Nell'odierno clima educativo e culturale [dell'Australia] non c'è niente che risponda alle aspirazioni profonde – romantiche, idealistiche, sempre in cerca di una bellezza che per l'individuo è difficile riconoscere o definire – a cui dava nutrimento la nostra appartenenza al mondo britannico, con i libri, con una certa versione della storia, e con i modelli di comportamento che quelle strutture ci suggerivano». Questo non è più vero riguardo all'esperienza che i giovani australiani hanno del loro territorio, un'esperienza generalmente entusiastica e informata, anche se non priva di ironia (una scritta recente sui muri di Sydney diceva: CONSERVA LA NATURA AUSTRALIANA, e sotto un'altra mano aveva aggiunto: METTI UN OPOSSUM IN SALAMOIA). E senza dubbio « la versione della storia e i modelli di comportamento » che gli australiani del tempo mio e di Riemer trovavano nell'iconografia imperiale britannica possono essere sostituiti attingendo a fonti australiane: il problema è impadronirsi di queste fonti, e cioè sbarazzarsi delle pastoie della storia coloniale, un compito che impegna molti scrittori australiani oltre a me. Preludio necessario sarà il taglio degli ultimi cordoni che legano politicamente il governo australiano alla Corona britannica, e l'istituzione di una Repubblica Australiana. Ma il punto è che non bisogna indulgere né al servilismo culturale (l'idea che nella cultura australiana non ci sia niente che valga senza l'avallo d'oltremare) né alla prosopopea culturale, difensivamente arrogante, di chi marcia al suono dell'inno nazionale mostrando di considerare tutto ciò che si fa fuori dell'Australia « ininfluente » per gli australiani. Né umili né tronfi: l'atteggiamento giusto è un normale, rilassato portamento eretto. Forse questo vale anche per i tanti fautori del separatismo culturale di gruppo (nero, ispanico, indiano, femminista, gay, quello che sia), che riempiono l'America di una retorica fragorosa e spesso sconclusionata sull'« orgoglio » e la « parità ».

Da giovane non avevo l'impressione che la lettura

dei poeti inglesi settecenteschi e ottocenteschi rendesse l'Australia invisibile. Al contrario, mi spingeva a leggere quei poeti australiani che si proponevano di descrivere la natura, la storia e l'esperienza sociale con immagini comprensibili agli australiani: scrittori come Kenneth Slessor (*Five Bells*), Robert Fitzgerald (*The Wind at Your Door*), Judith Wright o, vent'anni più in qua, Les Murray. È una verità lapalissiana, ma nondimeno vera, che gli scrittori devono essere aperti a tutta la letteratura; che le loro forme e i loro sentimenti nazionali o tribali non devono escludersi a vicenda. L'idea che l'ex coloniale debba rifiutare l'arte dell'ex colonizzatore nell'interesse di un cambiamento *politico* è assurdamente limitativa. E l'assurdità resta tale qualunque sia la «colonizzazione» in questione: economica, sessuale, razziale. Si può imparare da Picasso senza essere fallocrati, da Rubens senza diventare cortigiani asburgici, da Kipling senza convertirsi all'imperialismo. Il particolare si nutre del generale, e parole di moda come «anglocentrismo» o «eurocentrismo» sono strumenti penosamente inadeguati a descrivere i processi complessi ed eclettici con i quali immaginazione individuale e cultura comune si modellano reciprocamente, mediante una quantità di scambi ed elisioni, per il tramite del linguaggio. Nel mio paese, «euro» è anche il nome aborigeno di un grosso canguro. In un saggio importante pubblicato nel 1977, e dunque anteriore a gran parte del presente dibattito americano sul multiculturalismo, Les Murray raccontava come la cultura aborigena e i cicli di canti avessero influenzato la sua opera, che stava appunto «trapiantando nella mente di molti australiani il concetto aborigeno della sacralità della terra e della propria regione natale». Il tramite principale era stata la monumentale raccolta di T.G.H. Strehlow, *Songs of Central Australia*, apparsa nel 1970. Questa percezione del mito come profondamente radicato nel paesaggio, seppur fondata

117

(attraverso l'opera di un poeta bianco di ascendenza scozzese) sulle tradizioni poetiche inglesi, non poteva non presentarsi come alternativa alla percezione coloniale dell'Australia come vuoto spazio « altro », sterile e grigio in confronto alla « pienezza » europea. Già negli anni Settanta esisteva nella cultura (bianca) australiana una corrente politica ispirata da sensi di colpa e ostile a queste trasfusioni, la quale tacciava i loro artefici di sfruttamento, paternalismo, eccetera. Ma, come dice Murray:[2]

« Sarebbe una tragedia se, nel caso degli aborigeni, i normali processi di mutuazione e influenza artistica, mediante i quali una cultura fornisce parte del suo contributo al colloquio dell'umanità, fossero congelati da quelle che sono, in realtà, le manovre di una battaglia per la supremazia politica all'interno della società bianca del nostro paese, o da un uso tattico della retorica terzomondista ... La mutuazione artistica ... non impoverisce l'autore da cui si attinge, ma lo rende più consapevole delle sue ricchezze, che possono esaurirsi solo se egli le trascura o perde fiducia nel loro valore; è così che soccombono. Mutuare è un atto di rispetto che può restituire a una cultura il rispetto per i propri beni e contribuire a conservarli. Ed essa è sempre libera di attingervi ».

Così, ad onta del vezzo attuale di spregiare l'eurocentrismo, io so che per me è stata una fortuna avere l'istruzione scolastica che ho avuto. Era un'istruzione ampia, « elitaria » per l'importanza che dava al rendimento, e rigorosa: il carico di lavoro, la quantità di libri che dovevamo leggere e assimilare sembrerebbero una crudeltà al moderno scolaro americano. Non lasciava tempo per « sentire il profumo delle rose », secondo la frase prediletta dai pedagoghi *liberal* americani (che di solito si traduce nel guardare la TV). Questo non ci ha recato alcun danno. Eravamo promossi, oppure bocciati e ripetevamo l'anno: e le pagelle venivano mandate ai nostri genitori senza riguardi per i loro sentimenti. Ci facevano imparare brani a memoria e leggere a voce alta, col risultato che qualcosa attecchiva. (Non ho mai condiviso l'idea diffusa che l'apprendimento mnemonico di un testo distrugga la «creatività» dell'allievo; di fatto la arricchisce, riempiendo i pozzi della memoria). A volte ci lagnavamo della disciplina, ma nel complesso eravamo fieri di appartenere alla cavalleria gesuita e non alla fanteria dei Fratelli delle Scuole Cristiane. Alcuni di noi erano snob, altri fanatici in embrione, ma così è l'adolescenza. In breve, quel programma scolastico eurocentrico e monoconfessionale ci diede un punto fermo dal quale, più tardi, avremmo potuto imboccare qualunque strada.

I critici dell'eurocentrismo direbbero che esso inculcava pregiudizi permanenti. Può darsi, ma non è possibile vedere bene le altre culture finché, grazie alla conoscenza della propria, non si raggiunge un punto in cui la globalità abbia un senso. Altrimenti si resta a livello di chiacchiere inconsistenti.

Se ora mi ribello all'idea di una cultura imperiale e centralizzata, se sono interessato più alle differenze che alle presunte correnti principali (se non lo fossi, non avrei scritto un libro abbastanza lungo su Barcellona e il nazionalismo catalano*), è probabilmente perché me ne ha dato lo stimolo padre Wallace, che quando avevo quindici anni mi fece leggere Byron a proposito dell'ellenismo. Se me la cavo con alcune lingue romanze che non ho mai sentito parlare in Australia, è anche perché padre Fraser mi insegnò Catullo e Ovidio, senza schivarne gli aspetti erotici e scettici. Se so «vedere» una delle

* *Barcelona* (1992) è di prossima pubblicazione presso Adelphi [*N.d.T.*].

grandi chiese barocche del Messico, come quella di Santo Domingo a Oaxaca, e riflettere su ciò che la rende tanto simile e tanto diversa da altre in Spagna o in Italia, in fin dei conti è perché da ragazzo, in quella cappella scolastica piena di brutti santi di gesso, ho ricevuto certe nozioni generali di iconografia. E se il culto dei gesuiti per i classici non lasciava spazio per la storia araba, certamente esso mi ha preparato a cambiare opinione sull'Islam, quando ho scoperto quanto poco della letteratura greca e romana sarebbe sopravvissuto senza l'opera degli studiosi arabi.

Direi dunque che il mio ambiente, sebbene fortemente monoculturale, non era però monolitico: mi ha dato gli strumenti per ribellarmi, come ho fatto partendo, andando a vivere altrove e interessandomi all'ibrido, all'impuro, al senso di mescolanza eclettica che sta al centro di tanta parte delle creazioni novecentesche. Cultura e storia sono piene di confini, ma tutti, in qualche misura, permeabili. E l'America ne è un esempio classico: un luogo pullulante di diversità, di storie irrisolte, di immagini che urtano l'una contro l'altra e generano forme inaspettate. I Padri pellegrini approdano su uno scoglio nel 1620, affatto ignari che dieci anni prima gli spagnoli avevano cominciato a costruire Santa Fe; e perché mai nei testi scolastici una serie di eventi storici deve avere una smaccata precedenza sull'altra? La storia degli spagnoli in America non riguarda solo gli ispanici. La storia dei negri non riguarda soltanto i negri. Nessuna minoranza, nessun gruppo può essere escluso dalla storia americana, perché non si può raccontare questa storia senza abbracciarli tutti.

Questa polifonia di voci, questo turbinare continuo di rivendicazioni di identità, è una delle cose che fanno dell'America l'America. È per questo, ripeto, che lo straniero è felice di trovarsi qui. Sicché quando si sente Pat Buchanan, bravo cattolico irlandese, farneticare sui probabili effetti dell'importazione di « un milione di zulù nel North Carolina », e sulla necessità di non consegnare l'essenza della cultura americana, unica, apostolica, cristiana ed europea, alle non meglio identificate orde multiculturaliste... be', viene il sangue alla testa e il latte alle ginocchia.

Niente potrebbe assomigliare meno alla minuscola Australia omogenea della mia infanzia di questa repubblica gigantesca, divisa, ibrideggiante, multirazziale, che ogni anno accoglie tra la metà e i due terzi dell'emigrazione mondiale, legale o illegale. Nel 2000, meno del 60% dei nuovi occupati in America saranno bianchi indigeni. Le ragioni a favore del multiculturalismo si possono esporre in termini di interesse pratico: le *élites* ci saranno sempre, perché la necessità di crearle è inscritta nella nostra struttura biologica (ci piaccia o no illuderci del contrario); ma la loro *composizione* non è necessariamente statica. Il futuro delle *élites* americane, in un'economia mondiale senza Guerra fredda, sarà nelle mani di persone capaci di pensare e di agire con scioltezza e intelligenza superando le frontiere etniche, culturali e linguistiche. E il primo passo per diventare persone del genere è riconoscere che noi non siamo un'unica grande famiglia mondiale, e che probabilmente non lo saremo mai; che le differenze tra razze, nazioni, culture e rispettive storie sono profonde e durevoli almeno quanto le loro somiglianze; che queste differenze non sono digressioni da una norma europea, ma strutture che meritano a pieno titolo di essere conosciute per se stesse. Nel mondo prossimo venturo, chi non saprà navigare il mare della differenza sarà spacciato.

Quindi, se multiculturalismo vuol dire imparare a vedere oltre i confini, io lo sostengo senza riserve. Per gli americani immaginare il resto del mondo è un vero problema, e non solo per loro – quasi tutto è straniero per quasi tutti; ma considerando la varietà delle origini nazionali rappresentate nella loro vastissima società, la mancanza di curiosità e la propensione allo stereotipo che questa società dimostra stupiscono lo straniero, anche (nel mio caso) dopo vent'anni di residenza. Per esempio: se per gli americani bianchi è ancora difficile *vedere* i negri, che dire degli arabi? Ho seguito, come tutti, la guerra del Golfo alla televisione, ne ho letto sui giornali, e ho visto come quel conflitto abbia portato al culmine, in America, l'inveterata e ostile ignoranza sul mondo arabo, passato e presente. Di rado veniva dai media, e tanto meno dai politici, un'indicazione che le realtà della cultura islamica (passata e presente) fossero altro che una storia di fanatismi. Invece una sequela di esperti si facevano avanti per assicurare al pubblico che gli arabi erano fondamentalmente una massa di pericolosi maniaci religiosi, sequestratori di ostaggi, figli del roveto e della duna, mal disposti da tutto il loro passato ad avere rapporti con paesi più civili. Il moderno fondamentalismo islamico riempiva gli schermi di bocche urlanti e di braccia levate in aria; del passato islamico si sentiva parlare assai meno, e meno ancora dell'odierno dissenso arabo contro la xenofobia e il militarismo fondamentalisti. Era come propinare agli americani una versione ampliata e aggiornata delle opinioni che Ferdinando e Isabella avevano sull'Islam nel Quattrocento. Il succo del messaggio era che gli arabi erano non solo incivili, ma *incivilizzabili*. In un modo perverso, ciò costituì una vittoria per i mullah e per Saddam Hussein: ad uso degli americani tutto ciò che nel mondo arabo contraddiceva le crudeltà e le manie escatologiche veniva passato sotto silenzio, sicché Saddam Hussein e i mullah restarono padroni assoluti del campo.

Ma trattando la cultura e la storia islamica come un puro preludio all'attuale fanatismo non si approda a nulla. È come giudicare una cattedrale gotica francese basandosi su «cristiani moderni» quali

Jimmy Swaggart o Pat Robertson. Storicamente, l'Islam Distruttore è una leggenda. Senza i dotti arabi la nostra matematica non esisterebbe, e solo una frazione dell'eredità intellettuale greca sarebbe giunta fino a noi. A paragone della Baghdad medioevale, la Roma medioevale era un villaggio di accattoni. Senza l'invasione araba, nell'VIII secolo, della Spagna meridionale o *el Ándalus*, che coincise con la massima espansione occidentale dell'impero islamico retto a Baghdad dalla dinastia abbaside, la cultura dell'Europa meridionale sarebbe incommensurabilmente più povera. Quella dell'Andalusia ispano-araba fu, tra il XII e il XV secolo, una brillante civiltà «multiculturale», costruita sulle rovine delle antiche colonie romane (di cui incorporò elementi semidimenticati), che mescolò forme occidentali e mediorientali; splendida per invenzione lirica e tollerante capacità di adattamento. Quale architettura supera quella dell'Alhambra di Granata o della Grande Moschea di Cordova? *Mestizaje es grandeza*: la mescolanza è grandezza.

Il timore conservatore della commistione è pervaso da un'esagerazione paranoide. Basta accennare che la «storia dal basso» – espressione coniata dal teologo Dietrich Bonhoeffer nei giorni bui dell'Europa del 1942, per indicare una possibile storia di «coloro che soffrono» – ha una sua palese validità morale e educativa, e subito comincia il coro. E basta mettere da parte Platone e prendere un libro di Rigoberta Menchu perché William Bennett, con i suoi stivaloni neri, annunci che per i giardini della civiltà occidentale è ora di chiudere i cancelli. «È un dato acquisito che il nemico della giustizia e dell'umanità è l'uomo occidentale» commenta con scherno Dorothy Rabinowitz, editorialista del «Wall Street Journal».

Che c'è di tanto fragile nella civiltà occidentale? E viceversa, che c'è di tanto radicale nel multiculturalismo, che in America significa una comprensione migliore dell'arte, della letteratura, della storia e dei valori di culture diverse da quella angloebraica dominante? Scrittori e accademici non sono i soli a riconoscere che il multiculturalismo è la tendenza del futuro, ma sono probabilmente i soli (tranne i loro avversari conservatori, perché anche qui gli estremi si toccano) a essersi convinti che esso rappresenti una minaccia per il capitalismo. I capitalisti, dal canto loro, sanno che non è così. La decisione presa alcuni anni fa da Ted Turner, di bandire l'aggettivo « estero » dai notiziari internazionali della CNN, è stata, per l'impresa multiculturale, un evento più importante di tutte le dissertazioni sul Sé e l'Altro presentate ai raduni della Modern Language Association. Infatti, come ha osservato il critico David Rieff,[3]

« più si leggono i giornali del multiculturalismo accademico e le riviste di economia, più si confrontano i discorsi dei dirigenti aziendali con quelli degli insigni accademici multiculturalisti, più si rimane colpiti dalle somiglianze fra le rispettive visioni del mondo. Lungi dall'essere intellettualmente agli antipodi, entrambi i gruppi vedono nella composizione demografica del paese e della forza lavoro la stessa trasformazione razziale e di sesso; entrambi sottolineano l'importanza delle donne, e la necessità di modificare il luogo di lavoro in modo da renderlo più accogliente per loro; entrambi dicono che non è più possibile considerare gli Stati Uniti come un'entità predeterminata e autarchica, e antepongono alla scena nazionale quella mondiale ».

Purtroppo non è necessario ascoltare a lungo le argomentazioni della controparte per accorgersi che il multiculturalismo, nella testa di un buon numero dei suoi fautori, significa *meno* di un'autentica curiosità per altre forme culturali. La prima vittima di questa concezione è l'idea stessa d'Europa. Chiunque abbia una minima nozione dell'enorme, ricchissimo e contraddittorio patrimonio della letteratura e del pensiero europei non potrebbe neanche concepire l'esistenza di una compatta massa «eurocentrica» – «come se Adolf Hitler e Anna Frank» dice Russell Jacoby «rappresentassero lo stesso mondo». C'è chi invoca un qualcosa che chiama cultura latinoamericana (contrapposta alla «repressiva» cultura anglosassone), senza rendersi conto della grossolana generalizzazione implicita in questa espressione. Non c'è nessuna «letteratura latinoamericana» in quanto tale, come non c'è un luogo chiamato «Asia» con una letteratura comune che colleghi in qualche modo il *Rāmāyaṇa*, le opere di Confucio e il *Libro del guanciale* di Sei Shōnagon. Ci sono solo le culture di vari e distinti paesi latinoamericani, diverse tra loro, che attingono a un fondo comune di immagini (il vasto serbatoio del cattolicesimo, per esempio), ma con inflessioni dovute alle singole storie politiche e razziali, al sentimento differente della nazione e dell'identità, alle lingue diverse. Tutte sono il prodotto di una lunga, intensa e imprevedibile ibridazione fra tre continenti, Africa, Europa e America: un processo che sempre più si nota anche al centro della cultura «eurocentrica». È possibile, per esempio, parlare di un'unica «lingua portoghese» letteraria? Invece di una sola lingua portoghese «pura» ce ne sono parecchie, tutte risultanti dalla colonizzazione e dalla mescolanza. C'è la lingua originaria del Portogallo, nella quale Camões scrisse il suo poema epico, *I Lusiadi*. Ma c'è anche il portoghese del Brasile, trasformato da prestiti africani e indiani che si scostano dalla grammatica e dall'uso dei colonizzatori. C'è il portoghese dell'Angola; il portoghese del Mozambico, mescolato con l'hindi; il portoghese di Capo Verde, creato come idioma letterario dal poeta Jorge Barbosa; il portoghese della Guinea Bissau. Ognuno è alla base di una letteratura specifica, e parlare di una generica « scrittura latinoamericana », come fanno tanti spagnoli e nordamericani, è una vuota astrazione.

Per di più, molti « radicali » sembrano presumere che, guardando ad altre culture nella categoria « multiculturalismo », si debba guardare soprattutto alle loro versioni del marxismo, della « lotta di liberazione », e via dicendo. Ma pretendere che si ammirino in altre culture e paesi le forme ideologiche che essi hanno importato, non molto tempo fa, dall'Occidente non è forse una nuova parodia eurocentrica? Se questo entusiasmo per le riedizioni del marxismo in Africa, Asia e Medio Oriente non è eurocentrismo... Quando il maoismo era di moda in Occidente, i suoi ferventi ammiratori lo fraintesero completamente: non solo perché non capirono che era una orrenda tirannide, ma perché immaginarono che fosse una novità, e questo fu l'abbaglio più grande. La storia, la civiltà e il pensiero della Cina sono così antichi e continui, che la versione del collettivismo oligarchico stalinista ideata da Mao Tsetung e imposta meno di cinquant'anni fa è solo un puntolino nei sei millenni di storia cinese documentata. Il maoismo non può essere compreso se non come ricomparsa, in veste marxista, dell'arcaico culto cinese per l'immutabile imperatore-dio, che toccò l'apice nel tardo Settecento sotto la dinastia Ch'ing. Troppo spesso ciò che si atteggia a « multiculturalismo radicale » si fonda su un'ignoranza abissale delle altre culture – pari a quella di un ex venditore di automobili californiano recentemente nominato ambasciatore degli Stati Uniti in un paese esotico.

III

Di fatto, questo genere di multiculturalismo significa separatismo. Esso afferma che le istituzioni e le strutture mentali europee sono intrinsecamente oppressive, e che quelle non-eurocentriche non lo sono (idea dubbia, a dir poco). Il senso di delusione e di avvilimento nei confronti della politica ufficiale è penetrato nella cultura e a lungo andare ha suppurato. Ha spinto molti a vedere l'arte soprattutto come un'arena di potere, dato che ne hanno così poco altrove. Sicché anche l'arte diventa teatro di lamentazioni sui diritti.

Questo processo ha gravemente distorto le idee correnti sulla funzione politica dell'arte, proprio nel momento in cui – grazie alla pervasività dei mass media – l'arte ha toccato il punto più basso in fatto di reale efficacia politica. Lo stato d'animo che ne deriva è un buon concime per lo sviluppo di questioni culturali fantomatiche, e una condizione poco propizia al pensar chiaro su quelle reali.

Un esempio è l'inconcludente dibattito sul «canone», questa opprimente Grande Berta che dagli spalti della Civiltà Occidentale prende di mira i negri, i gay e le donne. Il canone, ci vien detto, è un elenco di libri scritti da europei morti – Shakespeare, Dante, Tolstoj, Dostoevskij, Stendhal, John Donne, T.S. Eliot... sì, proprio loro, gli smunti patriarchi del fallo. Io non sapevo neppure che ci fosse un canone, l'ho appreso solo quando ero già da un pezzo negli Stati Uniti, e ormai era troppo tardi. In Australia Mortimer Adler* era sconosciuto. A casa non avevamo uno scaffale di Grandi Libri dell'Occidente rilegati in similpelle lavorata a mano. Avevamo tanti scaffali pieni di tanti libri senza un ordine particolare, che andavano dal *Paradiso perduto* alla raccolta di *Fiabe* di Andrew Lang, da Shakespeare al nostro menestrello nazionale «Banjo» Patterson, dall'*Anabasi* di Senofonte a *Kim* al *Libro della giungla* (quello originale, tutt'altra cosa dalla rozza versione espurgata di Disney, l'unica che oggi va per lo più in mano ai ragazzini), e alla *Caccia allo Snark* di Lewis Carroll. Donde il fatale eclettismo delle mie letture infantili. Nessuno mi diceva che un genere di libri ne escludeva un altro.

Quelli che si dolgono del canone pensano che produca lettori che non leggeranno mai nient'altro.

Magari. Ciò che costoro non vogliono ammettere, almeno pubblicamente, è che la maggior parte degli studenti americani legge poco comunque, e che molti, a lasciarli fare a modo loro, non leggerebbero affatto.

Ha provveduto in questo senso la loro ebete babysitter nazionale, il televisore. Nel 1991 la maggioranza delle famiglie americane (il 60%, la stessa quota della Spagna) non ha acquistato un solo libro. Tra non molto gli americani ricorderanno come un'era perduta il tempo in cui la gente stava a casa con un libro in mano per puro piacere, discorren-

* Mortimer Adler pubblicò nel 1952 il *Great Book of the Western World*, in cinquantaquattro volumi, che comprende settantasei autori da Omero a Freud [*N.d.T.*].

done e talvolta anche leggendolo a qualcuno ad alta voce – un po' come oggi ricordiamo le gare d'uncinetto del secolo scorso. Nessuna università americana può dare per scontato che i suoi studenti del primo anno sappiano leggere in un senso non puramente tecnico. Forse è stato sempre così, ma certo così è adesso. È difficile esagerare l'angustia di cognizioni, l'indifferenza per lo studio, la superficialità culturale, raramente intaccata, di molti giovani prodotti della cultura televisiva americana, anche tra i privilegiati.

In università che fanno pagare 22.000 dollari l'anno per curare l'istruzione di Carmen o di Peter, i docenti di belle arti e di materie umanistiche badano a spiegare ai loro pupilli che il morbo della cultura occidentale è l'elitarismo, e che è un errore sviluppare un eccessivo senso critico, se non si vuole restare contagiati. Il singolare parossismo dell'America per il canone letterario accademico proviene, più che da un travolgente interesse per le lettere, da punti di vista su cosa sia o non sia terapeutico.

Come ha osservato di recente Katha Pollitt, è proprio questo a dare a gran parte del dibattito sul canone il suo particolare carattere di asfittica futilità. Il presupposto di base, dice la scrittrice,

« è che i libri dell'elenco sono i soli destinati a essere letti, e che se si lascia perdere l'elenco non si leggeranno più libri di sorta. Tutte le parti in causa danno per scontato che l'unica speranza per un libro è quella di essere adottato come testo. E così tutti convengono di non parlare di certe cose ... Per esempio, che se uno ha letto solo venticinque, cinquanta o cento libri non è in grado di capirli, per quanto siano ben scelti; e che se non si legge liberamente per conto proprio – e pochissimi studenti lo fanno – non si prova alcun piacere a leggere i libri dell'elenco, e li si dimentica appena finiti ».[4]

La polemica sul canone rispecchia il tenace convincimento che le opere d'arte siano o debbano essere terapeutiche. Se a diciannove anni assorbi la *Repubblica* o il *Fedone*, sarai una persona di un certo tipo; se studi *Jane Eyre* o *Mrs. Dalloway* o la poesia di Aphra Behn, sarai una persona d'altro tipo; se leggi Amiri Baraka o *The Color Purple* di Alice Walker o gli scritti di Wole Soyinka, sarai altro ancora. Ciò accade, o si suppone che accada, perché l'autore – si tratti di Platone o di Alice Walker – diventa un «modello comportamentale» per il lettore, le cui facoltà imitative sono stimolate da quelle immaginative dello scrittore. Se leggi Evelyn Waugh prima di Franz Fanon puoi diventare razzista (se sei bianco), oppure (se sei negro) avere un'embolia per subitanea decompressione dell'autostima. Infatti, nel gioco letterario a somma zero dei discorsi sul canone, se leggi X vuol dire che non leggi Y.

In teoria tutti i buoni *liberals* sono a favore del più ampio accesso di chiunque a qualunque testo «serio». In pratica non ne siamo sempre tanto sicuri, perché gli scrittori vogliono precisamente suscitare delle emozioni, cambiare il nostro punto di vista su qualche aspetto della vita, grande o piccolo; e che fare di uno scrittore indubbiamente dotato, magari di genio, le cui idee, giudicate secondo qualsiasi criterio ragionevole, sono repellenti? Che fare di Céline, per esempio, nel quale la potenza dell'immaginazione e il velenoso antisemitismo erano stimolati dal furore contro la vita della Francia borghese e inestricabilmente intrecciati, sicché il talento spietato *non sarebbe esistito* senza l'odio per gli ebrei? E, come chiedeva Simone de Beauvoir nel titolo di un saggio, *Faut-il brûler Sade?*, Sade, il repubblicano in veste di assoluto antidemocratico, lo scrittore che immaginava i suoi simili come nient'altro che vittime, strumenti passivi per la sovrana volontà del piacere in un chiuso universo assolutistico dove «la crudeltà è uno dei sentimenti umani più naturali, una delle più dolci inclinazioni dell'uomo, una delle più intense che la natura gli abbia dato»? La letteratura non è un bel trattamento terapeutico normalizzatore, che si proponga di guidarci con qualche buffetto a diventare cittadini migliori della specifica repubblica in cui facciamo le nostre letture.

Sembra che questo a volte sfugga, in America, agli intellettuali di entrambe le parti. Quando Norman Podhoretz scrive che «quali trasmettitrici del canone ... le lettere hanno tradizionalmente instillato il senso del valore delle tradizioni democratiche da noi ereditate», viene da chiedersi cosa intenda dire. Per ogni autore che ha lodato le «tradizioni democratiche» ce n'è un altro che le ha temute e ne ha diffidato – a cominciare da Platone. Shakespeare, per esempio, con il suo disprezzo per la volubile e amorale moltitudine, espresso così vivamente nel *Giulio Cesare* e nel discorso di Coriolano alla plebe:

> *You common cry of curs, whose breath I hate*
> *As reek o' th' rotten fens, whose loves I prize*
> *As the dead carcasses of unburied men*
> *That do corrupt my air: I banish you.**

O Dryden, per il quale la caduta dei re e i fermenti egualitari nell'Inghilterra secentesca significavano un'odiosa regressione allo «stato di natura, dove tutti hanno diritto a tutto». O Baudelaire: «Tutti abbiamo lo spirito repubblicano nelle vene, come abbiamo la lue nelle ossa: siamo democratici e sifilitici». O Nietzsche, o Pound, o Lawrence, o Yeats («*All that was sung / All that was said in Ireland is*

---

* «Voi, ignobile muta di botoli, il cui respiro io odio quanto i miasmi dei putridi stagni; il cui affetto io apprezzo quanto le carcasse di uomini insepolti che corrompono l'aria; io vi bandisco... ». William Shakespeare, *Coriolano*, atto III, scena II, in *Tutte le Opere*, a cura di Mario Praz, Sansoni, Firenze, 1964.

a lie / Bred out of the contagion of the throng »)*... l'elenco dei nemici illustri della democrazia riempirebbe una buona porzione di qualunque canone letterario si abbia voglia di inventare.

Comprenderebbe, il canone, anche alcuni degli scrittori che i neoconservatori additano a modelli di probità critica: Matthew Arnold, per esempio, il quale riteneva che le università dovessero preservare « il meglio di ciò che è stato pensato e detto », ma come *antidoto* al diffondersi dei valori della democrazia liberale. O T.S. Eliot – quello del vecchio « Criterion » – che si fidava della democrazia più o meno quanto amava gli ebrei, e che riprese il progetto di Matthew Arnold di rafforzare la mistica della monarchia e della Chiesa Alta anglicana contro l'erosione ad opera dei valori democratici. L'esaltazione che Eliot fa di Spenser, poeta di corte, e la sua ostilità per il repubblicano e regicida Milton non erano forse di ispirazione *politica*? Sia Eliot sia Leavis** volevano sloggiare Milton dal canone, impresa paragonabile a quella di ributtare tra i flutti, a marea calante, una balena in secca sulla spiaggia. Ma l'Eliot che ci presentano i neoconservatori è un Eliot molto riveduto e corretto: un Eliot alle cui pompose effusioni monarchiche è messa la sordina (così come i cataloghi delle sensazionali mostre degli anni Ottanta sulle dimore nobiliari, tipo *Treasure Houses of Great Britain*, lasciavano discretamente in ombra gli aspetti brutali della vita nell'Inghilterra settecentesca). Anche l'antisemitismo di questo Eliot si tende a lasciarlo in disparte, forse perché ha un'imbarazzante somiglianza con le attuali argomentazioni conservatrici a sostegno della purezza del canone: certe intrusioni stemperano la sacrosanta integrità della cultura occidentale, perché

* « Tutto ciò che fu cantato / tutto ciò che fu detto in Irlanda è una bugia / nata dal contagio della moltitudine ».
** Frank Raymond Leavis (1895-1978), critico inglese [*N.d.T.*].

(scriveva Eliot in *After Strange Gods*) « ancora più importante è l'unità del retroterra religioso; e ragioni di razza e religione si intrecciano nel rendere indesiderabile uno stuolo di ebrei liberi pensatori ».

È abitudine dei neoconservatori, quando attaccano certe interpretazioni « politicizzate » della letteratura, professarne altre *a*politiche – una visione della storia, dei romanzi, del teatro e della poesia non contaminata dall'ideologia. La parola chiave è « imparziale ».

Eppure, l'immensa repubblica delle lettere contiene tutto e il contrario di tutto. Io diventai un lettore cosciente e accanito intorno ai nove anni, e negli ultimi quarantacinque di libri ne ho letti parecchi; ma se provo a immaginare il numero di quelli che non ho letto, che forse avrei dovuto leggere, e che a questo punto probabilmente non leggerò mai, mi gira la testa e provo vergogna.

Il primo guaio di un canone di Grandi Opere rigido ed esclusivista è che non potrà mai essere completo: sarà sempre, in certo modo, una specie di protesi, un ausilio pedagogico i cui limiti si rivelano più chiaramente quando lo si porta fuori dall'àmbito delle particolari esigenze di un corso di studi universitari.

Il secondo è che, al pari di un museo ricco di bellissimi quadri ma gestito da direttori troppo pavidi per ampliarlo, esso finisce per fossilizzarsi.

Il terzo è che il suo assetto difensivo suscita ostilità, mutando le cose che contiene in oggetti di risentimento e rendendole così più difficili da avvicinare.

Il critico Frederick Crews sostiene che neoconservatori come Allan Bloom, William Bennett e Roger Kimball sono dei « nostalgici culturali », i quali

« aderiscono implicitamente a un modello "trasfusionale" dell'educazione, secondo il quale la sapienza immagazzinata nei classici è considerata una sorta di plasma che ci gocciola benefico nelle vene: basta restare sufficientemente passivi in sua presenza. Il mio concetto di cultura è completamente diverso. Io voglio un dibattito fervido, non reverenza per i grandi libri; coscienza e riflessione storica, non presunti valori senza tempo; e un ampliamento continuo del nostro canone nazionale per adeguarlo a un senso necessariamente mutevole di chi siamo «noi» e di cosa in definitiva ci sta a cuore ... un certo trambusto intorno al canone va accettato senza patemi. A mio modo di vedere, non esiste sulla faccia della terra un testo sacrosanto, un'idea che di per sé apporti civiltà, o un critico letterario del tutto imparziale».[5]

Crews ha certamente ragione, e l'idea che si possa istituire una gerarchia di Valori Senza Tempo e mantenerla di fronte alle vicissitudini del presente (metafore favorite, nautiche: stella polare, faro, ancora di salvezza, eccetera) è sbagliata. Ma come si può argomentare, partendo da questo, che i classici vanno gettati alle ortiche? Per capire perché l'immutabilità non funziona dobbiamo immergerci, oltre che nel limitante presente, anche nel passato, e impadronirci (se siamo fortunati e lavoriamo sodo) di *almeno* tutte le opere «canoniche» che inseriremmo in un canone rigoroso se credessimo davvero alla sua necessità, assimilandole con altrettanta profondità. Così facendo vedremo – tra l'altro – che la storia della letteratura è una sequela di inserimenti e sovvertimenti, che di rado il gusto letterario è rimasto immobile a lungo e che non c'è ragione di pensare che la sua immobilità cominci adesso. Anzi, adesso meno che mai, data la condizione profondamente instabile della cultura americana e le crisi di identità culturale che accompagnano il dissolversi del mondo binario tenuto in piedi per quarant'anni dalla ferrea morsa della Guerra fredda, ganascia destra e ganascia sinistra. Le parole chiave devono essere «sia/sia», non «o/o».

Forse i conservatori non vogliono che ci infiliamo in questo labirinto, ma non saranno certe idee radicali da strapazzo a farcene uscire. Una è il mito della funzione correttiva della cultura – l'idea, già accennata, che noi diventiamo necessariamente ciò che leggiamo. Ma cosa potrebbe essere più ridicolo del condannare uno studente a ripetere ciò che il suo insegnante ritiene culturalmente appropriato alla sua razza, al suo sesso o alla sua classe, e ad ignorare il resto? Un'altra è la diffidenza verso i defunti, come nella frase «maschio europeo bianco morto». Io considero scontato che alcuni libri siano più profondi, ampi e ricchi di altri, e più necessari alla comprensione della nostra cultura e di noi stessi; ed essi rimangono tali molto tempo dopo la scomparsa dei loro autori. Chi pappagalleggia frasi tipo «maschio bianco morto» dovrebbe riflettere sul fatto che in letteratura la morte è una cosa relativa: Lord Rochester è morto come Saffo, ma nient'affatto moribondo come Brett Easton Ellis o Andrea Dworkin.* Statisticamente, la maggior parte degli autori sono effettivamente defunti, ma alcuni di loro continuano a parlarci con una vivezza e un'urgenza morale con cui pochi viventi possono competere. E più leggiamo, più autori scopriamo – vivi e morti – che ci parlano in questo modo; ed è per questo che il canone non è una fortezza, ma una membrana permeabile.

Da dove viene questa diffidenza per i morti? Forse è un'eco degli anni Sessanta, quando uno squallido ciarlatano come Jerry Rubin** esortava i giovani d'America a non fidarsi di nessuno sopra i trent'anni; ma più probabilmente è un aspetto della svalutazione della memoria culturale che pervade gli Stati Uniti. L'esortazione di Ezra Pound a «RINNOVAR-

---

* Autori, rispettivamente, di *American Psycho* (1991) e *Pornography: Men Possessing Women* (1991) [*N.d.T.*].
** Poeta hippy [*N.d.T.*].

LA» incombe su tutta la cultura americana, incluse le dispute sul canone; ma è fraintesa. Pound non voleva dire che il presente cancelli il passato. La frase lo affascinava perché egli credeva che fosse scritta sulla vasca da bagno di un imperatore cinese, e che fosse un invito a portare nel presente, ravvivata di continuo, l'opera del passato; l'oggetto del rinnovamento è la tradizione:

> *Tching ...*
> *... wrote MAKE IT NEW*
> *on his bathtub.*
> *Day by day make it new*
> *cut underbrush,*
> *pile the logs*
> *keep it growing.**

La lettura è *espansiva*, non esclusiva. Se oggi gli scrittori caraibici, africani, arabi e indiani riscuotono più attenzione, se il Booker Prize viene assegnato al nigeriano Ben Okri o al sydneyano Peter Carey, se i lettori si accostano alle opere di donne e di negri senza pregiudizi e senza la sensazione di doversi avvicinare con grande cautela a un caso speciale, la nostra comune cultura cresce e si rallegra. Impariamo che coscienze culturali di tipo diverso possono occupare il centro parlante delle forme letterarie. Ma perché mai questa dovrebbe essere una ragione per non leggere l'*Eugenio Onegin* o l'*Epistola a Lord Burlington* di Pope?

* «Ch'ing... / ... scrisse RINNOVARLA / sulla vasca da bagno. / Giorno per giorno rinnovarla / tagliare il sottobosco, / impilare i tronchi / farla crescere».

IV

Il senso della qualità, dello stile, della misura non è un obbligo che la razza, il sesso o la classe sociale possano imporre alla letteratura. Ha vita autonoma dagli stereotipi di gruppo. Nella mente di ogni scrittore c'è un tribunale invisibile di scrittori morti, convocato per atto di immaginazione e non per sottomissione a un qualche concetto d'autorità. Questo tribunale giudica il nostro lavoro, e noi ne desumiamo intuitivamente i nostri criteri di giudizio. Le sue sentenze non sono esecutive, ma contro di esse non c'è appello. Nessuno dei nostri stratagemmi – il « personale » fatto feticcio, l'estetica buttata in politica, le logore simulazioni d'avanguardismo – farà sì che scompaia: almeno, se siamo onesti con noi stessi. Se quel tribunale non ci fosse, ogni prima stesura sarebbe un manoscritto definitivo. Non si può ingannare Madre Cultura.

L'*Odissea* non può parlare a noi come a un lettore alessandrino del I secolo, o a uno francese del Seicento. Ma continua a *parlare*, a irradiare la mente del lettore volonteroso e ricettivo con la luce inesauribile della possibilità immaginativa. Non si può scantonare da questo fatto proclamando che agli studenti bisogna insegnare soltanto ciò che « attiene alla loro esperienza », come si dice in gergo: la scrittura *crea* esperienza. Tutti abbiamo letto di studenti e docenti, e a volte ne abbiamo conosciuti, che domandano indignati perché si debba perdere tempo con Omero, visto che è un maschio bianco morto e non può aver niente da dire a una femmina negra vivente.

Quando sento queste cose penso all'*Omeros* di Derek Walcott. Walcott, vincitore nel 1992 del Nobel per la letteratura, è negro e divide il suo tempo tra Harvard e l'isola caraibica di Saint Lucia. *Omeros* è un evento fuori dal comune, un lungo poema epico di riflessione e narrazione, denso di osservazioni mirabili e affollato di personaggi. Sfida tutte le convenzioni della scrittura minimalista. Prende la struttura omerica del viaggio di Ulisse e la fonde con l'evento centrale della storia negra nel Nuovo Mondo, la tratta degli schiavi attraverso l'Atlantico, al quale il poeta deve la propria identità basilare. E la domanda « che c'entra Omero con me? » trova risposta assai presto, quando il narratore parla con una ragazza greca che si strugge per le sue isole egee come lui per i Caraibi. La ragazza tiene su uno scaffale una testa di Omero.

« *O-meros* » *she laughed.* « *That's what we call him in Greek...* »

I felt the foam head watching as I stroked an arm, as
cold as its marble, then the shoulders in winter light
in the studio attic. I said, « *Omeros,* »

and O was the conch-shell's invocation, mer *was*
both mother and sea in our Antillean patois,
os, a grey bone, and the white surf as it crashes

and spreads its sibilant collar on a lace shore.
Omeros was the crunch of dry leaves, and the washes

that echoed from a cave-mouth when the tide has ebbed.

The name stayed in my mouth... *

E dovrebbe restare anche nella nostra, di bocca, e con molti altri nomi, qualunque sia la nostra origine etnica o il paese dove siamo nati. Non li scacceranno le ciarle facilone sui maschi bianchi morti a cui contrapporre scrittori viventi politicamente in regola. Su questo punto la cosa migliore è citare Edward Saïd, autore di due opere chiave del recente pensiero transculturale, *Orientalism* e *Culture and Imperialism*:

« Queste chiassose liquidazioni, queste asserzioni perentorie sono in effetti la caricaturale degradazione delle grandi istanze innovatrici del femminismo, degli studi sui subalterni o i negri, e della resistenza antimperialista. Queste istanze non si sono mai proposte di rimpiazzare una serie di autorità e di dogmi con un'altra, o di sostituire un centro a un altro; il loro scopo era aprire, partecipandovi, un filone centrale di impegno intellettuale e culturale, e mettere in luce ciò che ne aveva sempre fatto parte, per quanto oscuramente, come il lavoro delle donne o dei negri ... ma che era stato negato o svilito ».[6]

Per questo io, come scrittore, rifiuto non solo la tesi post-strutturalista dell'indeterminatezza di ogni scrittura, ma anche il rinnovato tentativo di giudicare la scrittura col metro del suo presunto valore

* « "O-meros" disse lei ridendo. "Come lo chiamiamo in greco...". // Sentivo lo sguardo della testa di schiuma mentre accarezzavo un braccio / freddo come marmo, e poi le spalle nella luce invernale / della mansarda. "Omeros" dissi, // e *O* era il richiamo di corno di una conchiglia, *mer* era / madre e mare nel nostro *patois* delle Antille, / *os* era un osso grigio, e l'onda di spuma bianca // che si infrange, stendendo il collare sibilante sul lido di trine. / Omeros era il fruscio delle foglie secche, e l'eco sciabordante / da una grotta scoperta dalla bassa marea. // Il nome mi rimase in bocca... ».

sociale. Per questa via si approda a uno strano, nostalgico regno marxista delle nuvole, dove si rispolverano tutti i più retrivi fantasmi della Letteratura come Strumento di Utilità Sociale. Così accade di leggere, nella nuova *Columbia History of the American Novel*, che Harriet Beecher Stowe è miglior romanziera di Melville, perché era donna e «socialmente costruttiva», e *La capanna dello zio Tom* contribuì a far insorgere gli americani contro la schiavitù... mentre il capitano del *Pequod* era un simbolo dello sfrenato individualismo capitalista, portatore di un atteggiamento scorretto verso le balene.

Con lo stesso ragionamento si può sostenere che un artista come William Gropper, autore di quelle efficaci vignette del «New Masses» di sessant'anni fa, coi capitalisti grassi in cappello a cilindro, vale più di un artista come Edward Hopper, al quale non importava un fico secco della collettività, e che dipingeva sempre figure solitarie in una stanza, senza lasciarci capire se volesse criticare l'alienazione o affermare i pregi della solitudine.

Questa usanza retrospettiva di giudicare gli scrittori in base alla loro presunta capacità di migliorare la coscienza sociale sarà forse una disdetta per lo snobistico Proust e il demoralizzante Leopardi, per l'intimista Henry James e per un figlio del privilegio borghese come Montaigne, ma lo è anche di più per gli studenti, che ne cavano l'impressione che il modo giusto di affrontare un testo sia di misurarlo alla svelta col politicometro, per poi dare la stura a un fiotto di stereotipi moraleggianti. «Accidenti, la settimana scorsa il professor Pinco li ha smascherati per bene, i presupposti gerarchici di Dante, con tutti quei gironi eccetera, peccato che non c'eri!».

La politica non deve essere onnipervasiva. Una delle prime condizioni della libertà è scoprire il confine oltre il quale la politica non può andare, e la letteratura è uno dei mezzi che permettono ai giovani (e ai vecchi) di scoprirlo. Certe opere d'arte hanno un esplicito contenuto politico; molte recano messaggi politici subliminali, insiti nella loro struttura. Ma è una bella ingenuità supporre che questi messaggi esauriscano il contenuto dell'arte come tale, o ne determinino in ultima analisi il valore. Perché, allora, la moda di giudicare l'arte in termini politici? Probabilmente, perché è un metodo facile da insegnare. Risuscita l'illusione che le opere d'arte portino significati sociali come un carro porta carbone. Divide per benino in buoni e cattivi la disordinata repubblica letteraria, e solleva lo studente dal fardello dell'empatia immaginativa, dalle difficoltà del discernimento estetico. Consente ai suoi adepti, con le loro orecchie foderate, i loro schemi mentali e la loro prosa gelatinosa, di rimbrottare gli scrittori morti perché non conformi alle voghe correnti in fatto di «studi sull'oppressione» – e di cullare se stessi e i colleghi parimenti nostalgici nell'illusione di stare tutti sulle barricate.

Però, quando i mullah iraniani pronunciarono la loro *fatwà* contro uno scrittore vivente, Salman Rushdie, «bestemmiatore» dell'Islam, mettendo una taglia sulla sua testa perché aveva scritto parole che a loro non piacevano, il mondo accademico non aprì quasi bocca. Gli universitari americani non protestarono collettivamente contro quell'oscenità per due ragioni. Primo, temevano che i loro istituti diventassero bersaglio dei terroristi islamici. Secondo, i più politicamente corretti ritenevano sbagliato criticare un paese musulmano, qualunque cosa facesse. In America, costoro sapevano che a casa loro era il colmo della sconvenienza sessista chiamare una giovane «ragazza» invece che «donna». Ma a Teheran era più o meno okay che una cricca di retrivi fanatici teocratici imponesse lo *chador*, tagliasse la mano ai ladri, cavasse gli occhi ai delinquenti in televisione e adottasse come politica di Stato l'assassinio dei romanzieri. Oppressione è ciò che facciamo in Occidente; ciò che fanno in Medio Oriente è «la loro cultura». Naturalmente noi non siamo d'accordo con tutto quello che fanno o dicono le turbe – *pardon*, le masse – iraniane; ma dobbiamo riconoscere che si tratta appunto della loro cultura, non della nostra, e che, nelle circostanze obiettive del razzismo antiarabo, in questi eurocentrici Stati Uniti una protesta della Facoltà di lettere sembrerebbe un cedimento ai valori dei repubblicani, i quali hanno usato gli eccessi spesso deplorevoli del fondamentalismo islamico (che vanno visti nel contesto globale dell'aggressione occidentale contro i popoli del Terzo Mondo) come un pretesto per... ma ci siamo capiti.

V

È in campo storico che la correttezza politica ha riportato i suoi maggiori successi.

L'interpretazione della storia non è mai statica. Rivedere, per noi storici è un obbligo. L'ultima parola non esiste. E chi può dubitare che ci sia ancora molto da rivedere nella storia a noi tramandata della conquista europea dell'America del Nord e del Sud? Era un progetto imperiale: l'epica avanzata della Civiltà contro la Barbarie; il *conquistador* porta la croce e la spada, il pellerossa si ritrae davanti alla cavalleria e alla strada ferrata. È la dottrina del «destino manifesto». Il mito dell'americano bianco ottocentesco. L'idea che tutti gli storici abbiano divulgato acriticamente questo mito trionfalistico è falsa: basta leggere Parkman o Prescott per rendersene conto. Ma il mito, calato profondamente dai libri di storia nella cultura popolare, diventò una potente giustificazione della spoliazione, dell'assassinio e della riduzione in schiavitù di popoli interi, e della devastazione della natura.

Quindi, per reazione, adesso si fabbrica il mito opposto. L'uomo europeo, un tempo eroe della conquista delle Americhe, ne diventa ora il demone; e le vittime, che non possono essere riportate in vita, sono canonizzate. Da entrambi i lati dello spartiacque tra europei e indigeni gli storici stanno pronti con la gogna e l'alloro, e al posto dei vecchi, perfidi stereotipi abbiamo tutto un nuovo arsenale di stereotipi altrettanto ingannevoli. I nostri predecessori facevano di Cristoforo Colombo un eroe, quasi un santo. Ci sono suoi monumenti da Barcellona alle Antille (scoperte da lui, anche se non sappiamo su quale isola effettivamente approdò) e in tutto il Nordamerica, continente che egli non vide mai. Nel 1892, per gli europei e i nordamericani Colombo era il «destino manifesto» in calzebrache, circondato da pie leggende popolari, come la storia dell'uovo ripresa da Washington Irving, o quella della regina Isabella che per finanziargli il viaggio impegnò i suoi gioielli (impegnati in realtà molto prima, per comprare cannoni). Invece, un libro p.c. come *The Conquest of Paradise* di Kirkpatrick Sale fa di lui una specie di Hitler in caravella, rapace e pervaso da fantasie apocalittiche, che approda come un virus tra le ignare popolazioni del Nuovo Mondo.

Questo nuovo stereotipo, riedizione delle idee rousseauiane sul Buon Selvaggio, mette in gioco un nuovo apparato a due pesi e due misure. Così i Taino di Puerto Rico diventano creature innocenti che vivono allo stato di natura in una società senza classi – come gli hippy del Vermont al tempo in cui Kirkpatrick Sale e io eravamo giovani –, mentre in realtà amavano farsi portare in lettiga dagli schiavi. I popoli delle Americhe, dalla Patagonia ai Grandi Laghi, non farebbero ancora vita beata, se non fossero stati conquistati dagli europei? Non siamo forse, noi, tanto peggiori di loro?

Be', sì, fino a un certo punto. L'arrivo degli spagnoli nelle Americhe fu una catastrofe indicibile per le popolazioni sudamericane e caraibiche, come l'avanzata imperiale anglosassone nel Nordamerica lo fu per le tribù locali. Se si accettano le cifre presentate da David Stannard nel suo recente *American Holocaust: Columbus and the Conquest of the New World*, la conquista spagnola avrebbe provocato nel Perù e nel Cile lo sterminio del 95% della popolazione, forse dieci milioni di anime; e nei primi due secoli dopo l'arrivo degli europei l'emisfero occidentale avrebbe subìto, in totale, la perdita di cento milioni di vite umane. Se così è, si tratta del genocidio più orrendo della storia, ben peggiore di quello hitleriano.

Possiamo darne la colpa a Colombo? In senso generale ed emblematico, sì, perché fu lui a condurre l'Europa in America. In termini di colpa personale, no, perché Colombo non progettò questi giganteschi massacri attuati dalla spada e dalle malattie; per esempio, delle epidemie di peste suina (causa probabile dell'estinzione della popolazione di Hispaniola nel giro di dieci anni dal suo arrivo) lui non ne sapeva più degli Arawak. Con tutto ciò, Colombo rimane il più grande degli esploratori atlantici. Suo solo rivale è il capitano James Cook, uomo altrettanto coraggioso ma assai più umano e razionale, che quasi tre secoli dopo aggiunse all'orizzonte europeo gran parte del Pacifico e dell'Antartico. Cook è il mio eroe; Colombo è l'ex eroe dell'America bianca. Cook sembra più vicino a noi, perché era un inglese dell'Illuminismo e in certa misura noi parliamo ancora il suo linguaggio morale. Colombo è molto lontano, perché proveniva da una cultura escatologica, quella della Spagna del Quattrocento, di cui non condividiamo le ossessioni mistico-religiose. Al tempo di Cook c'era una differenza, espressa dalle sue stesse imprese, tra scoperta e conquista; al tempo di Colombo no.

Cosa sarebbe accaduto se i popoli dell'Atlantico occidentale non fossero stati conquistati da una masnada di bruti escatologici? Congetture insensate, perché l'America *è stata* invasa dagli esseri imperfetti e crudeli che imposero la propria cultura, spagnola e poi inglese e francese, a quelle esistenti. Se Colombo non avesse aperto la rotta per i Caraibi, qualche anno dopo l'avrebbe fatto qualcun altro – spagnolo, portoghese, italiano, inglese –, e i risultati per le società e l'ecologia delle Americhe sarebbero stati più o meno gli stessi. Aspettarsi che i Maya o gli odierni indiani d'America festeggino il 1992 è irragionevole; come osservò un aborigeno a proposito del 1988, l'anno del bicentenario australiano, tanto varrebbe chiedere agli ebrei di festeggiare il 1989, centenario della nascita di Hitler.

Ma l'evidenza storica dimostra che in fatto di uccisioni, torture, materialismo, ecocidio, schiavizzazione ed egemonia sessista i popoli delle Americhe, per secoli e probabilmente per millenni, se l'erano cavata abbastanza bene. Noi possiamo benissimo preoccuparci della sorte del gufo macchiato, ma i primi uomini che giunsero nell'America settentrionale preistorica non sembra si facessero problemi sulla megafauna, che provvidero rapidamente a estinguere. La civiltà maya, massima tra quelle fiorite nel Centroamerica prima di Colombo, raggiunse l'apogeo tra il 250 e il 900 d.C., quando ebbe luogo un evento sconcertante, detto «iato maya», ed essa bruscamente decadde senza l'intervento di conquistatori esterni. Scavi recenti e il paziente lavoro di decifrazione dei glifi, particolarmente nel sito di Dos Pilas in Guatemala, indicano che l'età classica maya ebbe fine a causa del continuo guerreggiare tra signorie locali, cominciato intorno al 700 d.C., che nel X secolo aveva divorato l'economia e l'ecologia dell'impero maya. I maya crollarono per collasso ecologico autoindotto, provocato da una totale dedizione a guerre che nessuno poteva vincere, nutrita a sua volta da un'ossessione ideologica: l'ideologia del trascendente dio-re, visto dai suoi iloti, i portatori di pietre, come l'incarnazione dell'intero universo.

Il Mesoamerica precolombiano non era la Shangri-la che vorrebbero gli anticolombiani. Non si può salire sulla piramide del Sole a Teotihuacán, vicino a Città del Messico, e guardare la vasta prospettiva simmetrica della Strada dei Morti, abbandonata nell'VIII secolo per ragioni a noi ignote, senza percepire che la società che costruì questi monumenti era uno Stato-formicaio teocratico di una rigidezza da mandare in deliquio Albert Speer. E, prima di parlare di una soave vita pastorale precedente l'arrivo dei bianchi, provate a guardare le zanne del Serpente Piumato. La cultura azteca era messianica, aggressiva, imperialista; tale fin da quando gli aztechi erano calati dal nord sotto la guida di un condottiero carismatico il cui nome significa Colibrì-a-sinistra, e avevano massacrato o asservito gli abitanti della regione circostante all'attuale Città del Messico. Immagino che i superstiti si saranno rallegrati che non ci fosse anche un Colibrì-a-destra. Ma oggi è anacronistico condannare o giustificare la distruzione della società azteca per mano dei *conquistadores*. Essere ridotti in schiavitù dai governatori spagnoli del Cinquecento era una triste sorte, ma non peggio che essere fra le innumerevoli migliaia di prigionieri a cui i sacerdoti aztechi di Tenochtitlán strappavano il cuore perché l'indomani potesse sorgere il sole. Gli spagnoli bruciarono quasi tutti i documenti scritti della storia azteca, tranne alcuni codici. Ma anche gli aztechi, quando conquistarono il Messico centrale, distrussero tutti i documenti delle società precedenti, in modo che non vi fosse altra storia prima della loro.

Il bisogno di buoni e cattivi assoluti si annida profondamente dentro di noi, ma riduce la storia a propaganda e nega ai morti la loro umanità, fatta di peccati, virtù, tentativi, fallimenti. Preservare la complessità, senza appiattirla sotto il peso di un anacronistico moraleggiare, fa parte del compito dello storico. È il caso di ricordare il consiglio del romanziere brasiliano Jorge Amado, a proposito del quinto centenario colombiano e sulla conquista del Nuovo Mondo: per alcuni, egli scrive, ciò significa

« l'epopea della scoperta, l'incontro di due mondi; per altri, l'infamia della conquista e del genocidio ... Bisogna considerare e confrontare apparenze e differenze, perché solo in questo modo – comprendendo ciò che è grande e andrà sempre decantato, svelando ciò che è abietto e recherà eterna ignominia – solo così, con la riflessione e la comprensione, possiamo celebrare l'epopea e condannare il massacro, che non si annullano a vicenda. Noi, le eterogenee genti d'America, siamo il prodotto di entrambe le cose ».[7]

Le sorprese crepitano, come archi voltaici, tra le interfacce della cultura. È tra queste che la storia ora cerca se stessa; saranno le interfacce i siti storici del futuro. Non si può rifare il passato in nome della parità dei diritti: ma si possono trovare narrazioni che non sono state scritte, storie di popoli e gruppi che sono state distorte e ignorate, e con il loro apporto rinnovare la storia. Per questo, nell'ultimo venticinquennio, tanta parte della vitalità della storiografia è venuta dalla sinistra. Quando si legge l'opera dello storico caraibico negro C.L.R. James, si vede un pezzo di mondo che rompe il suo tradizionale silenzio – un silenzio non volontario, ma *imposto* da autori imperiali del passato. Parte della mia formazione di scrittore, vent'anni fa, fu la lettura di *The Making of the English Working Class* di E.P. Thompson, che mi fece capire come si possa costruire la storia dal basso, radunando – e dando loro un senso – le esperienze ufficialmente ignorate della gente umile, le cui vicende, in mani più dottrinarie, andrebbero forse smarrite in generalizzazioni sulle classi sociali invece di rivivere nella loro concreta individualità. L'elenco dei libri ispirati dal capolavoro di Thompson sarebbe lungo, e naturalmente so che *La riva fatale* è stato il mio tentativo di applicare la sua lezione alla storia sommersa dei deportati australiani. Inutile, invece, ho trovato l'astratto teorizzare su prigioni e potere in testi divenuti sacri nel mondo accademico americano nei primi anni Ottanta, come *Surveiller et punir* di Michel Foucault. Nelle sue elucubrazioni sul Panopticon, o carcere a sorveglianza totale, teorizzato da Jeremy Bentham, Foucault è riuscito a fare esattamente ciò che rimprovera allo Stato: ignorare l'esperienza reale dei prigionieri e curarsi ben poco di consultare documenti in proposito, per tema di veder turbata l'autocratica, meccanica autoreferenzialità delle sue costruzioni teoriche. Gli ammiratori americani non si accorgono di quanto Foucault sia, nell'intimo, un autoritario.

La storia deve interessarsi soprattutto alla vita umana come è stata vissuta, per quanto è possibile scoprirlo attraverso i filtri del passato. Non occorre essere marxisti per apprezzare la verità dell'affermazione di Eric Hobsbawm, e cioè che il merito più largamente riconosciuto alla storiografia *radical* « è aver conquistato un posto nella storia alla gente comune, uomini e donne qualsiasi ». In America, questo lavoro include la storia dei negri e di altre minoranze, che tende a mettere in crisi le compiaciute letture nazionalistiche del passato americano. Uno dei suoi esponenti più insigni è stato Herbert Gutman (1928-85), con il suo *The Black Family in Slavery and Freedom 1750-1925*. Gutman apparteneva a una stirpe oggi non comune, quella degli storici che vogliono portare il proprio lavoro davanti al grande pubblico, mostrando le realtà complesse del « rovescio della storia » in termini accessibili al lettore non specialista quanto lo erano una volta le storie dei Grandi Uomini delle *élites*. Il suo progetto di storia sociale americana era il pubblico riscatto di un genere che non incontra il favore degli odierni storici della Nuova Sinistra: non abbastanza «teorico», troppo «populista». Viene in mente anche il lavoro di Eugene Genovese sulla schiavitù, e quello di Eric Foner sul periodo della ricostruzione dopo la guerra civile, e lo splendido libro di Leon Litwack sulle esperienze dei negri americani dopo l'emancipazione, *Been in the Storm So Long*. O, più recentemente, l'opera di Nicholas Lemann sulla grande migrazione dei negri fino all'Illinois, *The Promised Land*. Gli storici americani di due generazioni fa avrebbero contestato la necessità di questi studi. Oggi essi appaiono fondamentali: perché, come disse Litwack nel 1987 alla Organization of American Historians, di cui era presidente, «nessuna categoria di studiosi è responsabile della diseducazione della gioventù americana quanto gli storici, o ha contribuito di più a plasmare le idee di generazioni di americani sulla razza e sui negri».

Allo stesso modo, la storia del West non potrà più essere quella dei nostri nonni. La loro concezione di un'America foggiata sull'esperienza della frontiera ebbe impulso dall'epica conferenza tenuta da Frederick Jackson Turner nel 1893 presso la American Historical Association: *Il significato della frontiera nella storia americana*. «L'esistenza di uno spazio libero,» sosteneva Turner «il continuo arretrare dei suoi confini e l'avanzata degli insediamenti verso ovest spiegano lo sviluppo americano». Era una tesi in netto contrasto con quanto avevano scritto gli storici precedenti (di estrazione puritana), secondo i quali tutto in America, e specialmente i valori e i criteri con i quali interpretiamo gli avvenimenti e cerchiamo di rispondere alla domanda cruciale «la storia di chi?», emanava dal nucleo originario del New England. Ma ormai da più di vent'anni lo schema di Turner, che è in sostanza quello del «destino manifesto», la versione americana della storia imperiale britannica, con i bianchi che avanzano in «lande desolate» (*terra nullius*, «terra di nessuno», dicevano i colonizzatori settecenteschi del Pacifico), viene criticato, modificato e rifiutato *tout court* dagli storici più moderni. Vedere in questo soltanto un ridimensionamento del West eroico – un assalto edipico contro i miti della cultura popolare da parte di scrittori ai quali il West non piace – è molto lontano dal vero. Invece, l'obiettivo è duplice: da un lato trovare un West storico reale sotto quello mitico, e dall'altro studiare la storia del «mitico West» in quanto costruzione di immagini e stereotipi: come sono stati creati e alimentati, come sono giunti a dominare la cultura popolare. Oggi gli storici riconoscono che qualsiasi tentativo di scoprire le realtà storiche del West deve partire dal multiculturalismo: cioè, soprattutto, dalla constatazione che il West non era una *terra nullius* sulla quale marciarono i bianchi, bensì una «zona calda» in cui varie culture, quella degli angloamericani invasori e l'indiana e la spagnola già stanziate, influirono l'una sull'altra con esiti sempre complessi. E non possiamo capire la storia variegata e drammatica del West se non avvertiamo quanto siano ancora persistenti e vivaci i valori, le credenze e le forme culturali dei «vinti», nonostante i lunghi sforzi dei «vincitori» angloamericani volti a cancellarli; salvo negare quest'opera di cancellazione con l'idea tranquillizzante che essi fossero svaniti per conto proprio. Esattamente lo stesso processo avvenne nell'Australia ottocentesca, con l'idea del «trapasso degli aborigeni», singolarmente in armonia con i prediletti tropi letterari *fin-de-siècle* di brume, spettri e suggestive vaghezze.

È vero che la revisione della storia del West può mettere in crisi miti molto amati. Un esempio fra tanti: il West è il luogo archetipico della diffidenza verso la Mano Pubblica, la terra dell'uomo indipendente che ce la fa da solo. Eppure l'esistenza economica di gran parte del West – di uno Stato come l'Arizona, per esempio – è dipesa, non marginalmente o occasionalmente ma sempre e totalmente, dai fondi federali di Washington. Gli Stati del Sud-Ovest non avrebbero mai potuto raggiungere l'attuale densità di insediamento senza gli enormi stanziamenti governativi per le opere idrauliche. Più che il John Wayne dello sviluppo americano, essi sono un modello di interventismo assistenziale.

Nel conflitto tra «nuova» storia e relativa resistenza (un tempo vivace, ora affievolita), vediamo riproporsi la disputa sulla storiografia come proprietà di una razza e di una classe, disputa che agitò il mondo accademico americano negli anni Trenta e di nuovo negli anni Cinquanta. Lo storico Gary B. Nash, nel suo eccellente studio *The Great Multicultural Debate*, ha mostrato che dopo la prima guerra mondiale gli studiosi ebrei dovettero lottare per conquistarsi un posto nella professione storica, considerata un feudo dei bramini WASP; e che nei primi anni Sessanta la resistenza contro la loro intrusione era ancora abbastanza forte, tanto che Carl Bridenbaugh, presidente della American Historical Association, non si peritò di lamentare che «molti tra i cultori più giovani del nostro mestiere ... sono il prodotto di origini straniere o di ceti umili, e non di rado le loro emozioni intralciano il cammino della ricostruzione storica». Ma a un certo punto anche i Bridenbaugh finirono per rendersi conto che se l'America voleva capire il significato dell'immigrazione ottocentesca (il più grande afflusso di genti diverse in un singolo paese mai avvenuto nella storia, circa trentacinque milioni di persone entrate nel Nordamerica in settantacinque anni), quei «prodotti di origini straniere», leggi ebrei, italiani e altri esseri irrazionali, potevano fornire qualche lume. Grazie alle pressioni dei comitati scolastici di città con una numerosa popolazione nera e ispanica, negli anni Sessanta i libri di testo della scuola superiore furono in qualche misura riveduti, nel senso di

152

presentare l'America come una società multirazziale e multiculturale. Ma la storiografia monoculturale è tenace, e i conservatori la amano molto; durante gli anni Settanta e Ottanta, le stesse pressioni esercitate dai fondamentalisti sulla Pubblica istruzione perché si introducesse nei testi di biologia il «creazionismo scientifico» – ossimoro sublime – provvidero a far sì che i conflitti di classe fossero esclusi dai testi di storia, e i conflitti razziali tenuti il più possibile in sordina.

Come osserva Nash, la gente sente la mancanza dei temi supremi, delle categorie ben definite, delle sintesi grandiose, delle storie dei Grandi Uomini. Queste cose sono le prime a sparire quando un esame più attento delle differenze di sesso, di etnia e di classe manda in pezzi le generalizzazioni storiche. La storia narrativa, con buona pace di certi teorici, masticanumeri e cliometristi, non è morta affatto. Ha tuttora un pubblico vastissimo, ed è forse il solo tipo di storia che sarà sempre veramente popolare. Ma i modi della narrazione stanno cambiando, e anche se volessimo non potremmo tornare al tempo in cui questi cambiamenti non erano ancora avvenuti. Ricordo di aver visto vent'anni fa Kenneth Clark, in un programma chiamato *Civilization*, spiegare alla televisione il Rinascimento. Si stagliava, nei suoi imperturbabili tweed, davanti a uno sfondo di vigneti nei pressi di Urbino, e aveva appena citato i versi di Yeats su Guidobaldo da Montefeltro, il quale

> ... *when he made*
> *That mirror-school of courtesies*
> *Upon Urbino's windy hill,*
> *Had sent no runners to and fro*
> *That he might learn the shepherds' will.**

* « ... quando egli creò / quella scuola esemplare di cortesie / sopra il colle ventoso di Urbino, / non mandò qua e là i suoi corrieri / per conoscere il volere del pastore ».

Proprio così, diceva Clark; ma «la gente dei campi, o quei pastori che Yeats giustamente ritiene non fossero stati consultati da Guidobaldo in materia di gusto e buone maniere, non potrebbero aver avuto una civiltà loro?». In quel momento mi sfiorò il pensiero che forse, alla quarta delle tredici puntate di *Civilization*, avrei sentito riconoscere che le classi inferiori *qualcosa* avevano fatto per creare la ricchezza materiale su cui è sorta la corte di Urbino – e la «civiltà» in generale. Ma no; il loro merito era di aver creato un'altra opera d'arte, il paesaggio tosco-marchigiano, che aveva la funzione di dare a spettatori come Clark e noi «l'impressione di un ordine senza tempo». Si può essere abbastanza sicuri che nessuno, nel futuro prevedibile, parlerà più in questi termini del rapporto tra lavoro e cultura, né alla televisione né altrove; e a me non pare una grande perdita.

Grosso modo, ciò che è avvenuto in fatto di riscrittura storica ha avuto un corrispettivo nelle facoltà americane di lettere, dove l'arrivo dei «Nuovi Critici» fu visto con orrore nelle trincee dei superstiti della vecchia guardia «umanistica»: queste fredde e minuziose letture testuali non avrebbero distrutto la nobile penombra delle opere di Shelley, Dryden e Shakespeare? Poi la nuova guardia diventò a sua volta vecchia, e vide nell'avvento del post-strutturalismo francese la massiccia «politicizzazione» degli studi letterari. Eppure, ogni volta, le punte estreme si ritraggono e vengono assorbite dal centro.

Così è per gli studi storici. Una volta gli storici accademici si sentivano minacciati e oltraggiati dall'idea di una «storia dal basso». Uno dei libri più interessanti e vivaci che di recente mi siano capitati tra le mani è il *Journal de ma vie* di un vetraio francese del Settecento, Jacques-Louis Ménétra, il cui manoscritto rimase sepolto per due secoli fino alla pubblicazione, avvenuta nel 1986. Io non sono certo uno specialista di storia sociale della Parigi settecentesca, ma leggendolo mi sembrava di navigare sopra un banco di scogli con una barca dal fondo trasparente, e di vedere forme sconosciute di uno stereoscopico nitore. Il racconto onnivoro, spudorato, straordinariamente rivelatore che Ménétra fa della sua vita di «uomo del popolo» è un *pendant* proletario delle *Confessioni* di Rousseau; abbonda anche di fantasie e di frottole narcisiste, ma come nota nell'introduzione il curatore dell'edizione inglese, Robert Darnton, anche queste «ci danno modo di vedere di cosa erano fatti i sogni di quell'epoca». Cinquant'anni fa, ben pochi storici accademici americani avrebbero dato qualche importanza a questo diario, scritto da uno sconosciuto che non aveva avuto parte in grandi avvenimenti. Ho vivo il ricordo di quando mi imbattei in un testo per certi versi analogo nell'archivio della Mitchell Library di Sydney, il diario di un forzato di nome Laurence Frayne, mai letto né trascritto, che si rivelò un'incomparabile fonte di notizie sulle realtà del sistema punitivo di Norfolk Island, raccontate da uno che le aveva subite fino in fondo; sulla busta la mano di un archivista del passato aveva annotato a matita: «Diario di forzato – niente di interessante». Identica è stata la reazione al primo apparire di studi sulle donne, sui negri, sui gay e su altre minoranze, e al loro diffondersi nelle ordinate categorie della ricerca storiografica americana: prima si negò che questi gruppi avessero bisogno di storie proprie; poi uscirono una serie di lavori audaci, dove si dimostrava che il bisogno c'era e c'è, e infine quegli studi furono gradualmente assorbiti sino a trovare il loro posto nei programmi normali. Con i vari Geremia lungo il percorso, a protestare che su questa strada si è andati troppo oltre.

Grandi cambiamenti sono avvenuti anche nel modo di insegnare la storia americana nelle scuole elementari. Nessun educatore serio dubita che questi

cambiamenti fossero necessari e continuino a esserlo; vengono ancora i brividi a leggere cosa una volta
si faceva passare per storia. Ecco un passo sulla
schiavitù di un testo per la quinta elementare:

«Dietro la grande casa ci sono file di capanne.
Qui vivono le famiglie di schiavi ... Ai negretti fa
piacere che i bambini bianchi vengano a giocare con
loro ... Col tempo molti cominciarono a pensare che
possedere schiavi non fosse giusto. Allora alcuni
proprietari di schiavi andarono in collera. Dicevano
che i negri vivevano meglio da schiavi in America
che da selvaggi in Africa. Forse era vero. Gli schiavi
per lo più sembravano felici e contenti».

Questa disgustosa pastorale appartiene a un libro di lettura intitolato *My Country*, pubblicato dallo
Stato della California e usato nelle sue scuole negli
anni Cinquanta. Oggi la pubblicazione di brani simili in un libro di testo americano sarebbe impensabile. Nel modo in cui i libri di scuola parlano delle
minoranze, asiatiche, indigene, nere o ispaniche che
siano, l'ultimo decennio ha visto progressi enormi,
duramente conquistati, sulla via dell'esattezza storica, dell'equilibrio e della sensibilità.

Ma questo non basta a certi estremisti che procla-
mano che solo i negri possono scrivere la storia della schiavitù, solo i nativi indiani quella dell'America
pre-europea, e via dicendo. Costoro propongono
non un multiculturalismo illuminato, ma un separatismo con i paraocchi e sfrenatamente polemico
(ed è questo separatismo, in linea di massima, che i
conservatori attaccano come «multiculturalismo»).
Per di più, gli alfieri della storia separatista – basata,
secondo l'eufemistica definizione del Consiglio delle Università dello Stato di New York, su «conoscenze e tecniche non canoniche» e su «fonti di conoscenza non autorevoli», ossia per lo più su leggende, dicerie e fantasie – si danno da fare perché essa

sia insegnata non solo nelle università, dove almeno c'è modo di discuterla validamente, ma anche nella scuola superiore, dove questo non è possibile.

Tale è l'oggetto di un singolare documento chiamato *African-American Baseline Essays*,[8] che non è mai stato pubblicato a stampa ma circola in fotocopia, e sta modificando i programmi scolastici un po' in tutto il paese. Redatti da un gruppo di studiosi negri e di sedicenti accademici di non chiara fama, questi saggi di storia, sociologia, matematica, linguistica, arte e scienza vogliono essere un manifesto di storia afrocentrica per i giovani americani negri. La grande stampa non li ha molto publicizzati, ma vanno per la maggiore presso burocrati come Thomas Sobol, commissario per la Pubblica istruzione dello Stato di New York – gente che teme di alienarsi l'elettorato negro o che non sa tener testa a pseudostudiosi tipo Leonard Jefferies.* Questi scritti possono avere ampie conseguenze, in massima parte negative, per il sistema educativo americano. Quindi è bene sapere cosa dicono.

* Preside negro del Department of African-American Studies del City College of New York, accusato di razzismo antisemita e recentemente allontanato dall'incarico.

VI

La tesi afrocentrista si può riassumere facilmente: afferma che la storia dei rapporti culturali tra Africa ed Europa è un tessuto di fandonie, intese a sostenere la finzione della supremazia europea. I paleoantropologi sono generalmente d'accordo nel collocare gli inizi della vita umana intelligente in Africa, nella Rift Valley. L'afrocentrista va oltre: l'uomo africano è stato il padre *culturale* di noi tutti. La cultura europea deriva dall'Egitto, e l'Egitto è parte dell'Africa, collegato al cuore del continente dall'arteria del Nilo. La civiltà egizia ebbe origine nell'Africa sub-sahariana, in Etiopia e nel Sudan.

Quindi, argomenta il padre fondatore della storia afrocentrica, lo scrittore senegalese Cheikh Anta Diop, ora scomparso, tutto ciò che è egiziano è africano, e fa parte del perduto patrimonio delle conquiste nere; Imhotep, il genio che nel terzo millennio a.C. inventò la piramide come forma monumentale, aveva la pelle nera; e così Euclide e Cleopatra, nell'Alessandria di venti dinastie dopo.[9] In Egitto furono uomini di pelle scura a inventare i geroglifici, e la scultura monumentale in pietra, e il tempio a colonne, e il culto faraonico del re-sole. Per l'afrocentrista questa non è una metafora culturale di una società razzialmente mista, una metafora volta a richiamare l'attenzione sull'ampia gamma di pigmentazioni cutanee esistenti, come sappiamo, nell'antico Egitto. Lui vuol dire che gli egizi erano proprio *negri*, con le gambe lunghe e i capelli lanosi: idea confortata da una frase ambigua dello storico greco Erodoto, che visitò l'Egitto nel V secolo a.C., e da poco altro. Sicché l'uso degli storici europei e americani di presentare gli antichi egizi altrimenti che come dei negri è un complotto razzista per occultare i meriti dell'Africa nera.

Ora, è un fatto ampiamente documentato da Martin Bernal, nel suo controverso *Black Athena*, che vari scrittori ottocenteschi e novecenteschi, sia popolari sia accademici, hanno cercato di far apparire gli egizi « più bianchi » di come è pensabile che fossero: James Breasted, decano degli studi archeologici dell'Università di Chicago, affermava negli anni Trenta che gli egizi erano « membri di pelle scura della Grande Razza Bianca », e Hollywood era d'accordo. Cleopatra non sarà stata nera come Bessie Smith (tesi degli afrocentristi), ma certo non assomigliava a Elizabeth Taylor.

È altrettanto vero che nel voler separare l'Egitto dall'Africa gli studiosi ottocenteschi e del primo Novecento avevano torto, e che i loro sforzi erano motivati da zelo settario. Geograficamente, l'Egitto fa parte dell'Africa; e oggi pochi storici propendono per l'ipotesi salva-pelle di una « razza dinastica » venuta da fuori a creare l'Egitto dei faraoni. Come osserva Basil Davidson, alla mescolanza razziale egiziana contribuirono certamente le migrazioni dal Vicino Oriente, ma

« trarne la conseguenza che la grande maggioranza degli abitanti dell'antico Egitto, non essendo "negri", non erano nemmeno africani, è assurdo come affermare altrettanto dei berberi e degli etiopi, che finora nessuno ha proposto di cancellare dall'elenco dei popoli africani. Le vecchie categorie razziali di "bianchi" e "neri" hanno davvero poco senso in questo contesto, e forse in qualunque altro ... Quale che fosse la loro pigmentazione e il loro aspetto fisico, gli egizi dell'epoca faraonica si possono tranquillamente assegnare alla storia africana».[10]

Accapigliarsi sull'etnicità degli egiziani (come se per quattro millenni ci fosse stata lungo il Nilo un'unica costante etnica) è del tutto vano, perché nessun egizio avrebbe annesso alla parola «Africa» gli stessi significati razziali, politici o geografici che le diamo noi; e comunque la società africana sembra essere derivata anche dalle popolazioni mesopotamiche e asiatiche a est del Nilo – almeno quanto da quelle africane a ovest e a sud del fiume. La questione se gli antichi egizi fossero negri è irrilevante per la storia e dell'Egitto e dell'Africa: importa solo agli afrocentristi americani.

Nell'arte egizia appaiono varie figure di negri, ma di solito sono identificate come genti del sud. Alle altre figure gli artisti – i cui affreschi ci informano ampiamente sui vari colori dell'antica società egizia – riservavano una gamma di bruni rossicci, bianchi crema e ocre; gli egizi non si vedevano negri, né davano alle loro figure lineamenti negroidi. Probabilmente avrebbero considerato rozze e prive di senso le moderne categorie razziali americane. Il loro era uno Stato teocratico, ma quanto a composizione etnica sembrava un manifesto di Benetton.

Le opinioni di Erodoto sulla negritudine degli egizi vanno prese con un grano di sale. L'opera di Erodoto abbonda di curiosità e di favole su caratteristiche etniche in realtà non vere. Nel terzo libro delle *Storie*, per esempio, egli dice che il cranio degli egizi è più duro e spesso di quello dei persiani, e afferma di aver verificato questo fatto esaminando gli scheletri rimasti sul campo dopo una battaglia in cui i persiani avevano sbaragliato gli egizi: i crani dei persiani « sono così sottili che a toccarli con un ciottolo si forano, ma quelli degli egizi ... sono tanto duri che a stento riesci a spezzarli ». Questo, egli spiega, perché i persiani portano una sorta di berretta, mentre gli egizi si radono il capo fin dall'infanzia, « di modo che le ossa del cranio si induriscono al sole; e per questo non diventano quasi mai calvi, e la calvizie è più rara in Egitto che in qualunque altro luogo ».

Ma per gli afrocentristi l'Egitto nero non è una congettura storica: è un articolo di fede, la chiave di un sistema di credenze taumaturgiche. Secondo Cheikh Diop:

« Guardare all'Egitto dell'antichità è il modo migliore di concepire e costruire il nostro futuro culturale ... L'Egitto è la madre remota delle culture e delle scienze occidentali, [e] la maggior parte delle idee che chiamiamo forestiere sono semplicemente ... immagini distorte delle creazioni dei nostri antenati africani: ad esempio il giudaismo, il cristianesimo, l'islamismo, la dialettica ... l'aritmetica, la geometria, l'ingegneria meccanica, l'astronomia, il romanzo, la poesia, il teatro, l'architettura e le arti ».[11]

Non è chiaro cosa intendesse Diop, di preciso, dicendo che l'Egitto antico fornisce il modello dell'Africa futura, visto che era uno Stato schiavista retto da faraoni assolutisti e dai loro sacerdoti. Il suo accenno alla « dialettica » afroegizia mi lascia perplesso: davvero gli antenati ideologici di Hegel e Marx si aggiravano tra i colonnati di Tebe? Attaccando irosamente il canone papiraceo? Lamentando l'assenza di gay e di donne tra gli intagliatori di Sfingi? Su questo punto, ahimè, i geroglifici tacciono.

Diop voleva farci credere che niente si può importare in Africa, niente le è forestiero, perché in Africa c'era già tutto. Sostanzialmente, per quanto le sue idee eccitino taluni negri americani, Diop era un mattoide. Questa sorta di ingenuo diffusionismo, secondo il quale idee e forme culturali cominciano nel punto A e poi si irradiano in altre culture, e tutti i fili riconducono a un'unica causa o centro o burattinaio, oggi non incontra molto favore tra gli storici, perché ignora come in società lontanissime tra loro nascano spontaneamente idee e forme simili. Come ha osservato John Baines, professore di egittologia a Oxford, recensendo sul «New York Times» i libri di Diop e di Bernal: «Non tutti coloro che mettono in dubbio i princìpi del diffusionismo sono degli eurocentristi. E del resto lo stesso diffusionismo è stato il prodotto di un'era razzista e colonialista, e ha servito un'ideologia di dominio ... [gli autori], al fine di controbattere l'idea errata che gli africani manchino di autonomia e di inventiva, affermano implicitamente che le altre culture non possono essere state autonome e inventive».

Ma dove vada a parare Diop è abbastanza chiaro. L'Africa può prendere tutto quello che vuole dalla cultura e dalla tecnologia euroamericana, perché tutto quello che esiste esisteva in Africa già da prima. L'Africa non fa che ricuperare i beni che le sono stati rubati. Si potrebbe chiamarla la teoria storica del *cargo-cult*, che si ricollega al mito dell'Età dell'Oro, quando ogni cosa era gratuitamente disponibile in abbondanza. La religione del *cargo-cult* si intreccia strettamente con il nazionalismo della Nuova Guinea. I suoi seguaci ritengono che un tempo tutto il *cargo* (i beni materiali) del mondo appartenesse ai guineani. Poi ci fu la Caduta dell'uomo: vennero i colonizzatori bianchi e portarono via ogni cosa. Ma presto arriverà un Messia e restituirà tutto, dalle sardine in scatola ai fuoribordo Yamaha, ai guineani legittimi proprietari, e così le sofferenze del colonialismo saranno cancellate. I cristiani hanno un mito simile, quello del Paradiso Terrestre e del Millennio venturo. Questi miti hanno un'utilità sociale: confortano i perseguitati e gli emarginati – i primi cristiani, i guineani colonizzati e i negri, d'America e d'Africa, consci che il loro passato antico è stato estromesso dalla storia.

Ed è vero. Su questo fatto gli afrocentristi hanno ragione (ma anche tutti gli studiosi seri di storia nera l'hanno affrontato). Il razzismo dimostrato dagli storici tradizionali dell'Ottocento e del primo Novecento nel trattare delle culture dell'Africa è terrificante. I più, fra loro, non credevano che le società africane avessero una storia degna di essere raccontata, o anche solo di essere oggetto di ricerca. Il catalogo delle citazioni sarebbe interminabile, ma ne basti una per tutte, da Arnold Toynbee, in *A Study of History*: «Se classifichiamo l'umanità per colore, l'unica tra le razze principali ... che non abbia dato un singolo contributo creativo a nessuna delle nostre ventuno civiltà è la razza negra».

Nessun negro, e certo nessuno storico moderno di qualsiasi razza, può leggere queste placide sentenze liquidatorie senza provare incredulità e disgusto. La questione è: come correggere le storture passate? Solo migliorando le nostre conoscenze. Toynbee scriveva più di mezzo secolo fa, ma negli ultimi vent'anni si sono fatti progressi enormi negli studi storici sull'Africa e sugli afroamericani. Senonché la fioritura di ricerche, lo sviluppo degli studi sui negri nelle università americane, insomma tutto ciò che si accompagna all'espansione tanto necessaria del settore sembra destinato a essere afflitto da movimenti come l'afrocentrismo – così come ai margini dell'archeologia mesoamericana non mancano mai i fissati che blaterano di dischi volanti.

La seconda tesi dell'afrocentrismo, dunque, è che la cultura europea deve la propria esistenza all'Africa. L'Africa ha colonizzato beneficamente l'Europa, trasmettendole il proprio sapere.

Ciò avvenne tramite l'influenza egiziana sulla Grecia, ma nel frattempo i meriti originari dell'Africa furono dimenticati o rivestiti di mentite spoglie. A percorrere la letteratura dell'afrocentrismo si entra in un mondo di rivendicazioni di primati tecnologici talmente assurde da trovarsi al di là della satira, come quelle della scienza russa al tempo di Stalin. Gli egizi, *alias* gli africani, inventarono la pila a liquido osservando le anguille elettriche nel Nilo. Lo « studioso » afrocentrista Ivan van Sertima afferma che nel primo millennio a.C. gli egizi negri volavano in aliante; notizia basata non sulla scoperta di un velivolo in una tomba egizia, ma su una statuetta votiva in legno di Horus, dio in forma di falco, che alcuni decenni fa un uomo d'affari inglese di passaggio scambiò per un aeromodello. Sertima insegna altresì che millecinquecento anni fa i tanzaniani fondevano l'acciaio con la tecnologia dei semiconduttori. Come lo storico afrocentrista John Henrik Clarke, egli pensa che l'America del Sud sia stata popolata da spedizioni provenienti dall'Africa, di cui naturalmente si è persa memoria; ne sarebbero testimonianza le spesse labbra delle sculture olmeche. Analogamente, gli afrocentristi pensano che la grande Sfinge di Giza avesse in realtà un volto negro, e che i soldati di Napoleone abbiano avuto l'ordine di mutilarla a cannonate per nascondere questo fatto. Non c'è niente che comprovi queste storie, ma neanche che le smentisca – condizione comune delle cose mai avvenute. È a simili sciocchezze che il Consiglio delle Università dello Stato di New York dà il nome di « fonti di conoscenza non autorevoli ».

Perché gli americani dimostrano tanta dabbenaggine davanti a chi possiede un titolo accademico? John Henrik Clarke ha un dottorato, e a detta di Henry Louis Gates Jr. è considerato da molti negri « il grande patriarca del movimento afrocentrista ». È anche un antisemita maniacale, uso a denunciare « la mafia scolastica ebraica »; ha stilato l'introduzione di uno scritto pseudo-scientifico razzista intitolato *The Iceman Inheritance: Prehistoric Sources of Western Man's Racism, Sexism and Aggression*, il cui autore, Michael Bradley, sostiene che gli ebrei sono il popolo peggiore della terra, perché un tempo erano i « più "puri" e più antichi caucasoidi neanderthaliani ». Si stenta a credere che gli ebrei americani, che negli anni Sessanta sono stati in prima linea nella lotta per i diritti civili degli afroamericani, siano oggi bersaglio degli attacchi antisemiti di una nuova generazione di negri, indotti da maestri tipo Leonard Jefferies a credere alla verità storica di testi che incitano all'odio come quell'intramontabile falso zarista, *I protocolli dei savi di Sion*. Ma grazie all'avvento degli pseudo-studi afrocentristi i negri sono i soli americani tra i quali l'antisemitismo, altrove in declino, sta invece crescendo.[12]

Questo nuovo rigurgito razzista arriva col contorno di ragionamenti come questo: siccome solo chi ha il potere può essere razzista, il razzismo negro non è affatto razzismo. E in aggiunta, ai negri americani viene offerta la promessa illusoria del retorico « Back to Africa ». Tutti i gruppi dell'immigrazione americana traggono identità culturale e una certa forza spirituale dal sentimento delle loro radici originarie – in Sicilia o nelle isole ioniche, in Irlanda o a Cuba, o in Africa. Vagheggiando il grembo natio, essi fanno delle loro origini un romantico stereotipo; e questo, come può testimoniare chiunque abbia assistito a una festa irlandese a Boston, è un potente istinto tribale. Ma dovrebbe essere ovvio che l'« Africa », l'entità immaginaria di cui amano parlare gli afrocentristi, è in grandissima parte un edificio mentale di questo tipo, un paradiso materno perduto.

I negri americani, non meno dei bianchi, sono formati dalla cultura americana e le appartengono; le hanno dato un immenso contributo, e nel suo tessuto sono inestricabilmente intrecciati il loro immaginario e le loro azioni. Con i negri africani quelli americani hanno in comune soltanto i geni, e nel caso delle ex colonie britanniche la lingua inglese. Immaginare che l'esperienza culturale di un negro americano assomigli a quella di un cittadino dello Zimbabwe, dell'Uganda o del Sudafrica, a parte il fatto basilare che entrambi hanno subìto gli effetti mortificanti e corrosivi del razzismo bianco, è pura fantasia.

Nel passato non c'è mai stata, in senso stretto, una cultura panafricana; c'erano molte tribù, molte lingue, molte culture, molte religioni contrastanti, molti re; e, inutile aggiungerlo, molte guerre. Gli orrori dell'Africa post-coloniale sono dovuti in larga misura al fatto che i nuovi governanti negri hanno potuto innestare sugli antichi odi tribali le moderne tecniche d'oppressione; i confini degli Stati nazionali africani corrispondono di rado alle divisioni tribali, tanto che all'interno di uno Stato le varie tribù si combattono spesso a vicenda. Già quindici anni fa era evidente che i lasciti più benefici del colonialismo britannico, quali l'indipendenza della magistratura e un'amministrazione pubblica relativamente incorrotta, erano tra le prime cose gettate a mare dalle ex colonie britanniche africane che si mutavano in dittature militari nazionalistiche. Chi mai può sostenere seriamente che gli ugandesi stavano peggio, economicamente o legalmente, ottant'anni fa sotto Lord Lugard di quanto non stiano adesso, dopo Idi Amin e i suoi successori? Lo Zaire, già Congo Belga, è una bolgia in bancarotta il cui tiranno, il presidente Mobutu, ha circa sei miliardi di dollari in Svizzera, pari al debito pubblico del paese. In Etiopia la gente muore di fame da secoli, ma solo con l'avvento del dittatore Menghìstu lo sterminio di milioni di persone è stato usato a fini politici. Il comportamento dei satrapi francesi in Guinea era abominevole, ma non certo peggiore del regime corrotto e crudele di Seku Turé, il Caligola nero che assunse il potere alla partenza dei francesi e resse il paese dalla metà degli anni Sessanta fino ai primi anni Settanta. E forse i paesi africani che non hanno avuto una presenza coloniale significativa – l'Etiopia o la Liberia, fondata da schiavi americani tornati in Africa nell'Ottocento – sono quelli che hanno fatto la riuscita peggiore. L'idea che gli afroamericani abbiano un luogo che li aspetta in una generica « Africa » è, tranne che in un senso vagamente metaforico, pura demagogia culturale. Né negri né bianchi possono « tornare a casa », se non come turisti; la loro patria comune, con tutti i suoi ideali, le sue opportunità, i suoi conflitti e i suoi malanni, è l'America, e altra non ne hanno.

VII

La debolezza e la natura propagandistica dell'afrocentrismo sono particolarmente evidenti nella sua versione della storia degli schiavi.

La schiavitù è una delle istituzioni umane più antiche e peggiori. Il suo retaggio permane in America ancora oggi, nelle sofferenze e nel danno sociale inflitti alla popolazione di colore e nel razzismo dei bianchi. In passato, l'insegnamento della storia nazionale è stato pervaso da ogni sorta di razionali giustificazioni per questo peccato originale della repubblica americana. Come ha osservato tra gli altri Arthur Schlesinger Jr., la storia americana è stata scritta per lungo tempo dai bianchi e per i bianchi, che hanno usurpato le immagini della vita afroamericana per poi ripresentarle come stereotipi distorti, confortanti per i pregiudizi dei bianchi e avvilenti per l'autoconsapevolezza dei negri. Nessuna storia generale americana scritta da un bianco prima degli anni Sessanta garantisce una visione equa e approfondita di che cosa abbiano significato per i negri americani la schiavitù e le sue conseguenze – né, analogamente, di che cosa abbia significato per gli indiani d'America la conquista del West. Gli storici odierni, bianchi e negri, hanno lavorato per rimediare a queste carenze. Ma non c'è male tanto grande che non si possa esagerarlo; e appunto questo si propongono i recenti afrocentristi, che inventano una sorta di storia riparatrice in cui tutta la colpa di avere ideato e praticato la schiavitù a danno dei negri è attribuita agli europei. È una tesi assolutamente antistorica, ma i nuovi programmi scolastici provvedono a radicarla nella coscienza popolare.

Nella storia dell'umanità ci sono state tre grandi rivolte di schiavi. La prima, guidata dal gladiatore tracio Spartaco contro i romani, scoppiò nel 73 a.C. La terza avvenne nell'ultimo decennio del Settecento, quando il grande rivoluzionario negro Toussaint L'Ouverture e il suo esercito di schiavi strapparono ai francesi il controllo di Santo Domingo, per essere poi sconfitti da Napoleone nel 1802. Ma la seconda si colloca a mezza strada fra queste due, alla metà del IX secolo d.C., ed è la meno documentata di tutte. Sappiamo però che gli insorti erano negri, e che i califfi abbasidi musulmani dell'Iraq li avevano importati dall'Africa orientale, a migliaia, perché lavorassero nelle saline del delta del Tigri. I ribelli respinsero gli arabi per quasi dieci anni. Trinceratisi negli acquitrini – come avrebbero fatto in Brasile, secoli dopo, gli schiavi negri fuggiaschi –, parvero a lungo invincibili, e solo nell'883 i musulmani riuscirono a schiacciarli. Erano chiamati col nome di Zang̱, e lo lasciarono all'isola di Zanzibar, sulle coste dell'Africa orientale – che non a caso diventò il principale mercato di schiavi del mondo arabo e tale rimase fino all'ultimo venticinquennio dell'Ottocento.

La rivolta degli Zang̱ di undici secoli fa dovrebbe rammentarci la totale falsità delle argomentazioni ora di moda, che cercano di far credere che la schiavitù sia stata inventata dai bianchi europei. È vero, invece, che la schiavitù era inscritta nelle fondamenta del mondo classico: l'Atene di Pericle era uno stato schiavista, e così pure la Roma di Augusto. La maggior parte dei loro schiavi erano bianchi, e « nell'antichità il servaggio non aveva niente a che vedere con la fisionomia o il colore della pelle ».[13] Il termine medioevale « schiavo » (*sclavus*) indicò dapprima una persona di origine slava; nel Milleduecento si applicava ad altre popolazioni bianche soggiogate dalle armate provenienti dall'Asia centrale: russi, georgiani, circassi, albanesi, armeni; tutti trovavano prontamente acquirenti, da Venezia alla Sicilia a Barcellona, e nell'intero mondo musulmano.

Ma il commercio degli schiavi *africani*, la tratta dei negri, fu un'invenzione musulmana, sviluppata dai mercanti arabi con l'entusiastica collaborazione dei loro colleghi negri, e istituzionalizzata con la più spietata brutalità secoli prima che l'uomo bianco mettesse piede sul continente africano; continuò poi a lungo dopo che nel Nordamerica il mercato degli schiavi era stato finalmente soppresso.

Storicamente, questo traffico tra l'Africa mediterranea e quella sub-sahariana comincia proprio con la civiltà che gli afrocentristi sono così smaniosi di rivendicare come negra: l'antico Egitto. La schiavitù in Africa vigeva già da molto tempo, ma nel primo millennio a.C. il faraone Ramsete II si vanta di aver procacciato per i templi più di centomila schiavi; e in effetti è inconcepibile che la cultura monumentale egizia potesse sorgere in un regime economico non schiavista. Nei due millenni successivi le basi dell'economia dell'Africa sub-sahariana furono legate alla cattura, all'utilizzo e alla vendita degli schiavi. Le scene scolpite di vita medioevale mostrano schiavi legati e imbavagliati per il sacrificio, e intorno al 1480 i primi esploratori portoghesi trovarono un vasto traffico di schiavi in atto dal Congo al Benin. Nel XIII e nel XIV secolo esistevano nell'impero del Mali grandi piantagioni a regime schiavistico, e tutte le angherie e le crudeltà inflitte agli schiavi negli Stati Uniti del Sud prima della Guerra di Secessione – compreso l'allevamento di bambini per la vendita, come bestiame – erano praticate dai sovrani negri dei luoghi che ora gli afrocentristi additano a esempio luminoso di alta civiltà, come Timbuctù e il regno dei Songhai.

Ciò naturalmente crea qualche problema agli afrocentristi, particolarmente a quelli che abbracciano gli ideali dei *black Muslims*. Negli scritti del Profeta non c'è niente che vieti la schiavitù: ecco perché divenne un campo d'affari così largamente dominato dagli arabi. Per neutralizzare questa scomoda verità occorre una grossa bugia. Di conseguenza, uno degli attuali best-seller nella comunità negra americana è una pubblicazione ufficiale del gruppo Nazione Islamica (capeggiato dall'arcifanatico Louis Farrakhan) intitolata *The Secret Relationship Between Blacks and Jews*, compilazione pseudostorica che pretende di rivelare la «smaccata» partecipazione degli ebrei alla creazione «della schiavitù e dell'olocausto nero». Le sue asserzioni – tipo la fandonia che il traffico schiavistico con l'America e i Caraibi fu «frequentemente dominato» da mercanti ebrei – sono state scrupolosamente confutate, punto per punto, dallo storico Harold Brackman, che si è servito spesso delle stesse fonti citate a sproposito dalla versione di Farrakhan. Ma la replica non ha fatto presa sulla comunità negra come *The Secret Relationship*, perché è proprio dei testi paranoidi vaccinare i lettori ingenui contro ogni confutazione, che diventa parte dello stesso gigantesco complotto globale.[14]

Nei *Baseline Essays* e altrove si nega recisamente che in Egitto ci fossero schiavi (notizia che avrebbe colto di sorpresa Mosè), e si blatera che in Africa la schiavitù, be', sì, esisteva, in certo modo, ma era più benigna che in America. Su questo punto non si possono fare generalizzazioni: sembra che a volte gli africani schiavi di africani fossero accolti quasi come membri della famiglia o della tribù, sia pure con diritti molto ridotti, e a volte trattati peggio del bestiame, battuti, violentati e affamati – di nuovo, un modello archetipico poi ripetuto dai proprietari di schiavi nel Vecchio Sud degli Stati Uniti. Come ha messo in luce Roland Oliver, il più eminente studioso di cose africane, direttore generale degli otto volumi della *Cambridge History of Africa*: tutto ciò che sappiamo sullo sviluppo del traffico di schiavi tra il Cinquecento e l'Ottocento conferma che esso non avrebbe potuto esistere senza la piena collaborazione degli Stati tribali africani, i quali facevano commercio dei prigionieri catturati nelle loro guerre incessanti.[15]

L'immagine divulgata da romanzi popolari tipo *Radici* – gli schiavisti bianchi che irrompono, armati di moschetti e coltellacci, nella quiete di pacifici villaggi africani – è molto lontana dalla verità storica. Già da secoli esisteva un sistema di compravendita, e i rifornimenti erano controllati dagli africani.

E con l'abolizione della schiavitù negli Stati Uniti questo sistema non è svanito affatto.

Nel 1865, anno in cui la Guerra di Secessione si concluse con la disfatta del Sud, Livingstone si trovava a Zanzibar. Secondo le sue stime, quell'anno ottanta-centomila schiavi africani furono portati in catene dall'entroterra per opera di mercanti arabi e africani, caricati sui sambuchi e spediti in Persia e nei paesi arabi del Golfo.

A differenza degli inglesi e degli americani, nell'Ottocento né gli arabi né i re africani videro la minima ragione umanitaria per opporsi alla schiavitù. I mercati di schiavi che rifornivano gli emirati arabi erano ancora operanti a Gibuti nei nostri anni Cinquanta; e dal 1960 il traffico ha prosperato in Mauritania e nel Sudan. Ci sono tuttora notizie di schiavi di proprietà personale nella Nigeria settentrionale, nel Ruanda e nel Niger. Jean-Bedel Bokassa, incoronato nel 1977 imperatore della Repubblica

Centrafricana, e abbracciato fraternamente in quell'occasione da un Giscard d'Estaing con un debole per i diamanti, possedeva centinaia di schiavi e ogni tanto, per divertirsi, ne massacrava un certo numero. Se, come ha detto una volta H. Rap Brown,* la violenza è americana come la torta di mele, la schiavitù, sembrerebbe, è africana come le patate dolci.

Eppure l'idea della colpa solitaria di Europa e America continua a infestare le discussioni sulla schiavitù. Alcuni leader negri africani e anche americani, tra cui, stranamente, il reverendo Jesse Jackson, hanno addirittura proposto che l'America e le nazioni europee industrialmente sviluppate, beneficiarie, a suo tempo, dello schiavismo, paghino adesso una sorta di penale ai paesi africani, a titolo di riparazione ufficiale del danno socioeconomico procurato dalla tratta degli schiavi, per aiutare quei paesi a costruire la loro base economica. L'Africa di oggi, sostengono, ne ha diritto tanto quanto Israele ha avuto diritto alle enormi sovvenzioni versate dall'America e da altri paesi come risarcimento dello sterminio hitleriano degli ebrei europei. Curiosamente, nessuno propone che anche gli emirati arabi o l'Iraq diano il loro contributo, che a rigor di logica dovrebbe essere molto consistente (maggiore di quello europeo e perfino di quello americano, e facilmente ricavabile dalle rendite petrolifere). Se Washington deve pagare per i peccati di Simon Legree nella *Capanna dello zio Tom*, sembra equo che Baghdad debba espiare quelli dei califfi abbasidi.

Africani, islàmici, europei, tutti ebbero parte nella schiavitù dei negri, la esercitarono e trassero profitto dalle sue miserie. Ma alla fine soltanto l'Europa (includendovi, in questo caso, il Nordamerica) si dimostrò capace di concepirne l'abolizione; solo l'immensa forza morale e intellettuale dell'Illuminismo, rivolta contro l'odiosa forma di oppressione

* Attivista negro degli anni Sessanta [*N.d.T.*].

173

rappresentata dalla schiavitù, fu in grado – in modo disuguale e con molta difficoltà – di far cessare la tratta degli schiavi. Che ora ci siano dei cosiddetti storici inclini a trascurare questo fatto mi sembra stupefacente. Ma è vero che da queste parti il rasoio di Occam e il concetto che l'onere della prova spetta a chi accusa non contano molto.

A questo punto, infatti, ci scontriamo col cardine dell'atteggiamento politicamente corretto riguardo agli studi sull'oppressione. Qualunque affermazione di uno storico o di un testimone europeo bianco, e maschio, è a priori sospetta; mentre quelle di una persona o di un gruppo oppresso meritano istantanea fiducia, anche se non hanno alcun fondamento concreto. Ora, è fuori dubbio che ciò che dice la vittima dev'essere ascoltato, perché può gettare nuova luce sulle vicende storiche; ma va sottoposto alle stesse verifiche delle dichiarazioni di chiunque altro, o viene meno il dibattito e la verità ne soffre. I p.c. si trincerano dietro l'idea che ogni esposizione storica è espressione del potere: la storia è scritta soltanto dai vincitori e la verità è politica, e non conoscibile se non dall'oppresso che l'ha sperimentata sulla propria pelle.

Sono questi sofismi che danno modo agli autori dei *Portland African-American Baseline Essays* non solo di seminare nei programmi di studio frottole sulla scienza egizia, ma di introdurvi le più risibili assurdità riguardo alla scienza *tout court*, accomunandola alla magia. Apprendiamo così che i nerissimi egizi, quando non volteggiavano qua e là con gli alianti, predicevano il futuro grazie ai loro « trattati astropsicologici ». Erano in grado di vedere cose invisibili o non ancora accadute. Costruirono le piramidi per telecinesi: concentratevi intensamente, e potrete sollevare in aria un blocco di calcare di cento tonnellate. Se non altro, questa archeologia alla Shirley MacLaine elimina l'imbarazzante problema del lavoro schiavistico in Egitto: non vorremo mica che quegli egizi negri avessero degli schiavi? L'autore del saggio da cui apprendiamo tutto questo, e molte altre cose, è Hunter Havelin Adams III, che si definisce «scienziato ricercatore presso gli Argonne National Laboratories di Chicago». La qualifica fa una certa impressione, ma in realtà, stando ai Laboratori Argonne, il signor Adams è un assistente di laboratorio incaricato di raccogliere campioni atmosferici, senza altro titolo che un diploma di scuola media superiore. Ancora un esercizio di riformulazione correttiva, questa volta biografica.

VIII

Il termine « autostima » è diventato una delle parole d'ordine che intralciano il sistema educativo. Perché i bambini negri hanno bisogno di un'educazione afrocentrica? Perché, dicono i suoi fautori, essa genera autostima. Questi bambini vivono in un mondo di media e istituzioni le cui immagini e i cui valori sono creati principalmente dai bianchi. La tradizione bianca è di denigrare i negri; quindi i negri devono avere modelli che dimostrino quanto siano diversi da come i bianchi li dipingono, e che diano loro l'impressione di contare qualcosa. Vuoi che i tuoi figli amino se stessi? Cambia i programmi scolastici. Nutrili di sproloqui razzisti su come l'intelligenza sia funzione della quantità di melanina presente nella pelle, e su come gli africani fossero una stirpe solare, libera, aperta e collaborativa, mentre gli europei erano gente dei ghiacci, slavati abitatori di caverne.

Il discorso sull'autostima ci arriva ammantato di opinioni che, se espresse da bianchi, susciterebbero allarmate reazioni antirazziste. I bambini negri, leggiamo nei *Portland Baseline Essays*, sono portati dalla loro eredità genetica a «elaborare l'informazione in modo diverso» dai bianchi; una tesi che i fautori della supremazia bianca, per parte loro, sostengono da prima della Guerra di Secessione. Il fatto è, per citare Albert Shanker, presidente della Federazione americana degli insegnanti, che «i bambini poveri, appartenenti alle minoranze, il cui rendimento è ancora molto inferiore a quello degli alunni bianchi di ceto medio, meritano l'istruzione migliore che possiamo dar loro; e non l'avranno se sostituiamo alla storia i miti, e alla scienza la magia».

Gli afrocentristi, con le loro idee farraginose, vogliono creare una storia separatista e imporla a scolari troppo giovani per metterla in discussione. Si parla perfino di cambiare nel senso dei *Baseline Essays* i programmi per i bambini di tre anni. È facile capire perché oggi queste richieste di una storia puramente compensatoria si vadano intensificando. Sono simboliche. Fanno parte di una reazione scorata, delusa e rabbiosa a dodici anni di governo di destra, alla politica ostinatamente antiriformatrice di Reagan e Bush, all'assimilazione operata dai repubblicani fra razzismo e populismo. Nel 1989 circa il 44% dei bambini negri vivevano sotto la soglia di povertà, mentre le speranze di eguaglianza razziale e di maggiori opportunità educative per gli afroamericani poveri suscitate a metà degli anni Sessanta si erano pressoché spente.

Ma questo, se spiega le asserzioni pseudo-storiche degli afrocentristi, non le giustifica e non conferisce loro valore di conoscenza. Il nazionalismo cerca sempre dei miti a cui appoggiarsi; e più il nazionalismo e i suoi miti sono nuovi, più si rifanno all'antico.

Così i nazionalisti culturali irlandesi – Yeats e i suoi amici di fine Ottocento – crearono per l'Irlanda un passato mitico, il crepuscolo celtico popolato di eroi e di re perduti, Cuchulain e Briann Boru. Il *tartan*, la stoffa di lana «scozzese» sconosciuta nell'antica Scozia, fu inventato per questo motivo dagli industriali tessili del tardo Settecento e dell'Ottocento, e per questo motivo i catalani, offesi dalla soppressione della loro lingua e dalla perdita dell'autonomia politica a vantaggio di Madrid dopo la conquista di Barcellona da parte dei Borboni nel 1714, crearono nell'Ottocento tutto un *revival* culturale basato su una versione molto selettiva e mitologizzata del loro passato medioevale e delle sue istituzioni. Inventare tradizioni, come hanno mostrato ampiamente Eric Hobsbawm e altri,[16] è stata una delle industrie culturali dell'Europa dell'Ottocento.

E anche del Novecento. E se chiedete quale fosse la molla di questi tentativi di mescolare la storia con il mito, la risposta è sempre la stessa: l'autostima. I tedeschi si sentivano feriti nell'orgoglio dopo il trattato di Versailles, e così pure gli italiani negli anni Venti, comprensibilmente stufi di essere considerati una nazione di gelatai e suonatori d'organetto. L'autostima degli irlandesi era stata avvilita da sette secoli di colonizzazione inglese e di pregiudizio religioso, dalla privazione dei diritti politici subita dai cattolici. Ma il desiderio di autostima non giustifica le bugie, le esagerazioni e i travisamenti terapeutici a cui si può giungere in suo nome. Il separatismo così favorito trasforma quello che dovrebbe essere un riconoscimento della diversità culturale, di un vero multiculturalismo, generoso e tollerante da entrambe le parti, in un pernicioso programma simbolico. Il separatismo è il contrario della diversità, e può dar luogo ad alleanze scellerate. Quasi trent'anni fa i *Black Muslims* di Malcolm X e il Partito nazista americano di George Lincoln Rockwell organizzarono un raduno congiunto al Madison Square Garden, per proclamare la loro comune aspirazione a spaccare gli Stati Uniti in due zone segregate, una per i negri, l'altra per i bianchi.

L'idea che la cultura europea sia in sé e per sé oppressiva è un inganno che può attecchire soltanto sul terreno del fanatismo e dell'ignoranza. Toussaint L'Ouverture, nel guidare gli schiavi haitiani alla libertà, fu ispirato da convinzioni morali e intellettuali nate dalla lettura di Rousseau e di Mirabeau. Le migliaia di proletari privi del diritto di voto che in ogni parte dell'Inghilterra si incontravano intorno al 1820 nei gruppi di lettura, per discutere le idee repubblicane e scoprire il significato del *Giulio Cesare* di Shakespeare, cercavano di trovare un'unità riappropriandosi dei valori di una cultura dominante a loro sottratta da chi non ne era degno. Negli ultimi due secoli le vittime dell'oppressione hanno sempre potuto trovare nella letteratura e nel pensiero europei una fonte di cambiamento e di sostegno. È pura sicumera supporre che non possa più essere così, e che quello sterminato e complicato edificio dalle tante celle, quell'alveare che i riduzionisti scambiano per un «monolite», non contenga più risposte ai bisogni dei deboli, alle aspirazioni dei diseredati e alle richieste di quanti cercano una propria definizione culturale.

Le idee americane di democrazia liberale possono nutrirsi soltanto alle loro sorgenti, che stanno, senza possibilità di equivoco, entro la tradizione europea; ed è importante che i giovani le conoscano, ancor prima di acquisire qualunque cognizione desiderino avere sulla cultura dei Dogon o sugli ordinamenti degli Irochesi. Prima le cose più importanti. Il separatismo culturale, in questa repubblica, è più un fuoco di paglia che una proposta seria; probabilmente non durerà, ma se durasse sarebbe un disastro per l'istruzione di coloro che pretende di aiutare, i giovani, i poveri e i negri. Sarebbe un gesto non di «potenziamento» ma di castrazione. L'autostima si rafforza facendo bene le cose, imparando a distinguere il vero dal falso, scoprendo, oltre a ciò che ci separa, ciò che ci unisce. A questo riguardo l'atteggiamento dei politicamente corretti e la loro tolleranza (carica di sensi di colpa) verso mascalzoni come Leonard Jefferies e il reverendo Al Sharpton non sono una guida migliore delle opinioni di Simon Legree.

LA MORALE IN SÉ:
ARTE E ILLUSIONE TERAPEUTICA

I

In fatto di arti visive, la «guerra culturale» americana è cominciata ufficialmente il 18 maggio 1989 nell'aula del Senato a Washington, quando il senatore Alfonse D'Amato, repubblicano dello Stato di New York, strappò la riproduzione di una fotografia e ne gettò a terra i frammenti. La riproduzione gli era stata mandata dal reverendo Donald Wildmon, attivista religioso di un gruppo di pressione, l'American Family Association, formatosi per combattere il diffondersi in America della pornografia, dell'oscenità e dell'ateismo. La specialità di Wildmon è scoprire messaggi negativi, palesi o subliminali, nei media e nelle arti, per poi esercitare pressioni sugli sponsor tempestandoli di lettere. In passato Wildmon ha condotto campagne contro l'adattamento televisivo del fortunato romanzone religioso di Colleen McCullough *Uccelli di rovo*, il film di Martin Scorsese *L'ultima tentazione di Cristo* e i video di Madonna. È riuscito a costringere la CBS a togliere da un cartone animato di Ralph Bakshi una sequenza di tre secondi e mezzo nella quale Mighty Mouse annusava un fiore: in realtà il subdolo roditore, secondo Wildmon, sniffava cocaina.[1]

L'immagine strappata riproduceva una fotografia artistica di Andrés Serrano. Vi si vedeva un dozzinale crocifisso di plastica, del tipo venduto dappertutto nei negozi di articoli sacri e paccottiglia religiosa, immerso in un fluido ambrato sparso di bollicine. Il titolo dell'opera d'arte, *Piss Christ*, chiariva la natura del liquido. Un liquido prodotto dallo stesso artista. *Piss Christ* era sotto ogni aspetto un'opera autografa.

Se Serrano avesse dato alla sua grande stampa in Cibachrome, tecnicamente splendida, qualche altro nome – che so, *La catedral ahogada*, o più prosaicamente *Studio di immersione, I* –, non ci sarebbe stato modo di sapere che il liquido era pipì. Ma Serrano voleva sottolineare in modo netto e scioccante due cose: primo, lo scadimento nel kitsch delle raffigurazioni religiose di massa (sotto gli occhi, in America, di ogni cristiano considerato); secondo, l'avversione dell'autore per la moralità coercitiva delle sue radici ispano-cattoliche. Serrano è un apostata cattolico molto travagliato, e il suo lavoro – segnatamente immagini come *Piss Christ* – esprime questo travaglio. Tutte le immagini hanno una storia, e quelle di Serrano appartengono a un filone non nuovo dell'arte moderna: la profanazione anticlericale surrealista. *Piss Christ* ha una serie di lontani antenati, tra cui il famoso/famigerato dipinto di Max Ernst con la Vergine Maria che sculaccia Gesù Bambino, e la foto sfocata, anticipatrice del moderno *happening*, di un poeta surrealista che impreca contro un prete su un marciapiede della Parigi anni Venti.

Non tutte le opere di Serrano fanno leva su effetti blasfemi. Ma *Piss Christ* certamente sì, e sarebbe vano negarlo.

A posteriori, naturalmente, si può storicizzare e cavillare; si può sostenere che il crocifisso di plastica non è Cristo, bensì una *rappresentazione* di Cristo. Ma questi sofismi alla Magritte, *ceci n'est pas un Dieu*, non funzionano. L'immagine è troppo forte.

Si può anche osservare che ci sono crocifissi prodotti commercialmente per gli scopi più strani, senza che questo scateni tempeste morali. Per esempio, lo stesso mese in cui i politici cominciarono a occuparsi di Serrano, io ricevetti il catalogo di una ditta specializzata in coltelli da caccia e da pesca, in cui si reclamizzava una piccola arma degna dei Borgia, per concezione se non per fattura: uno stiletto nascosto in un crocifisso, fabbricato a Taiwan e in vendita a 15,99 dollari. Anche quello, verrebbe da pensare, non era privo di aspetti blasfemi. E la scorsa Pasqua il *drugstore* della zona est di Long Island, dove abito, vendeva crocifissi di cioccolato con una rozza figura di Gesù: «Mangiate questo in memoria di Me». Che alcuni americani trovino normale mangiare un'immagine del Salvatore e trasformarla in feci, mentre altri americani danno in escandescenze all'idea di prendere un'altra immagine dello stesso Salvatore e inzupparla nell'orina, sembra un enigma capace di lasciare interdetto un moderno Tocqueville; ma non l'America profonda, dove l'industria religiosa è impermeabile a critiche e dubbi.

Tuttavia, né il crocifisso-stiletto né il Gesù di cioccolato erano stati premiati con denaro proveniente dal governo degli Stati Uniti; l'autore di *Piss Christ* invece sì. Poco prima che Donald Wildmon inviasse la sua protesta al senatore D'Amato, Serrano aveva ricevuto un premio di 15.000 dollari dal South-Eastern Center for Contemporary Art (SECCA) di Winston-Salem. Il SECCA aveva avuto il denaro per questo premio – prima che la giuria decidesse di darlo a Serrano – dal National Endowment for the Arts (NEA). L'erogazione era priva di vincoli, e nessuno al NEA aveva avuto la minima parte nella scelta del vincitore. Nondimeno Serrano aveva indirettamente percepito denaro pubblico; e questo, dichiarò Wildmon in una circolare, indicava che «il pregiudizio intollerante verso i cristiani, che da più di un decennio domina la televisione e il cinema, è ora passato nei musei d'arte »; e faceva presagire un'era in cui i cristiani sarebbero stati «fisicamente perseguitati» – se non dandoli in pasto ai leoni del Colosseo come nella Roma antica, gettandoli magari agli squali dei circhi acquatici, aggirantisi in enormi vasche di orina. Preso lo spunto da Wildmon, D'Amato si levò dunque in Senato ad attaccare il NEA. «Questo è un oltraggio, e il denaro delle tasse dei cittadini non dovrebbe servire a sostenere queste porcherie e a dar loro dignità». Mise quindi agli atti una lettera firmata da venti o trenta senatori (per lo più repubblicani conservatori), che denunciava l'opera come «scandalosa, ripugnante e del tutto immeritevole di qualsiasi riconoscimento. Milioni di contribuenti sono giustamente indignati ... Le procedure usate per scegliere opere e artisti meritevoli di pubblico sostegno sono evidentemente difettose ... Qui la libertà d'espressione non c'entra».

Ma c'entrava; e se ne è avuta la prova nello scandalo scoppiato successivamente intorno ai lavori del fotografo Robert Mapplethorpe.

Per me, l'interesse del caso Mapplethorpe sta nell'aver messo crudamente in risalto valori americani tra loro contrastanti, e in poco altro. Nonostante l'entusiasmo dei suoi ammiratori, non sono mai riuscito a considerarlo un grande fotografo. Visitai per la prima volta il suo studio di New York nel 1970; il suo lavoro consisteva allora in *collages* feticistici ma banali di fotografie di uomini muscolosi, con l'aggiunta di sospensori di pelle di leopardo, di pezze di garza macchiate di pus e simili. «Ecco un talento» mi dissi scendendo le scale quaranta minuti dopo «di cui non sentiremo parlare molto». Se qualcuno mi avesse detto che di lì a vent'anni Robert Mapplethorpe sarebbe stato famoso come Jackson Pollock, e che in America lo scandalo creato dalla sua opera avrebbe minacciato l'equilibrio dei rapporti tra musei e governo, gli avrei dato del matto. Tanto basti riguardo alla preveggenza dei critici.

Negli anni seguenti lo incontrai di rado, ma vidi una quantità di suoi lavori: le intense e brutali immagini sadomasochiste del Portfolio X, le eleganti, leccate fotografie di Lisa Lyons, i gelidi nudi maschili in omaggio a Horst e al barone von Gloeden, i fiori di Edward Weston. Tutte opere di uno che conosceva la storia della fotografia, uno per il quale la macchina fotografica era uno strumento di citazione. Come mi fece notare molto tempo dopo Mike Weaver, curatore della Storia della Fotografia di prossima pubblicazione presso la Oxford University Press: «il suo lavoro migliore ... è il gruppo di nudi piuttosto formalistici, o meglio geometrici, ispirati al gusto fine Ottocento per la magia rituale, già espresso da un altro grande fotografo gay, Fred Holland Day. L'impiego del pentacolo in forma umana deriva dal suo legame finto-satanico con il pentagramma inverso di Eliphas Lévi, maestro di Aleister Crowley ... Mai postmoderno, neanche modernista, [Mapplethorpe] era un autentico reazionario, ed è per questo, naturalmente, che va tanto di moda. Come Simeon Solomon e Beardsley prima di lui, era un simbolista dallo stile manieristico». Un'immagine del Portfolio X, in particolare, conferma questa analisi: l'autoritratto di Mapplethorpe atteggiato a Satana, per coda un nerbo di bue col manico infilato tra le natiche e la sferza che strascica per terra.

Nel Portfolio X, la violenza pornografica dei soggetti riconduce brutalmente all'immediatezza lo chic manierato delle immagini. Ma io non penso che lo chic sia un valore. Mi sentivo in disaccordo con la cultura della fredda citazione che si era impadronita dell'arte newyorkese, e il mio concetto di estasi sessuale non coincideva con quello di Mapplethorpe; così quando lui mi chiese di scrivere l'introduzione al catalogo della sua mostra – destinata a provocare tutto quel trambusto – dovetti dirgli che siccome il Portfolio X era evidentemente un elemento chiave del suo lavoro e (pensavo allora) il suo principale titolo all'originalità, e siccome trovavo le immagini di umiliazione e tortura sessuale ivi contenute (sodomia con il pugno, *bondage* spinto, un uomo che piscia in bocca a un altro giocherellone acquatico) troppo disgustose per parlarne con entusiasmo, era meglio che si cercasse qualcun altro. Cosa che fece, trovandone anzi parecchi.

Sappiamo tutti, almeno a grandi linee, ciò che accadde alla retrospettiva di Mapplethorpe del 1988-90, *The Perfect Moment*. La mostra fu presentata in Pennsylvania e a Boston senza il minimo incidente, e al Whitney Museum di New York con scene di entusiasmo paragonabili ai più bei momenti di gloria del suo mentore Andy Warhol. Ma alla Corcoran Gallery di Washington fu oggetto di pesanti attacchi da parte dei conservatori, in base al fatto che le spese d'allestimento erano state in parte coperte con una sovvenzione del National Endowment for the Arts, e che il governo non aveva il diritto di spendere il denaro dei contribuenti per opere che tanto ripugnavano al comune senso morale del pubblico americano.

In realtà la Corcoran non aveva affatto ricevuto fondi NEA per organizzare la mostra di Robert Mapplethorpe, pur avendone avuti in passato per altri progetti. La sovvenzione NEA per Mapplethorpe era andata all'Istituto d'Arte Contemporanea dell'Università di Pennsylvania, che aveva curato inizialmente l'esposizione. La somma in questione era di 30.000 dollari, pari a circa un sessantesimo dell'uno per cento di un *cent* per ogni uomo, donna e bambino d'America; ma, come si prodigarono a sottolineare Hilton Kramer e altri, si trattava pur sempre di denaro pubblico. Prima di arrivare a Washington, la mostra non aveva suscitato proteste e tanto meno « pubblico sdegno ». Nondimeno il senatore Jesse Helms, il tribuno del popolo, vide in Mapplethorpe un'occasione d'oro per mobilitare la coscienza della destra contro l'oscenità e il sudiciume, e davanti alle sue furibonde proteste la Corcoran Gallery cedette e annullò la mostra. Helms e altri conservatori, fra cui i senatori Alfonse D'Amato e Orrin Hatch, cercarono di far passare al Senato un emendamento che impedisse al NEA di finanziare in futuro simili prodotti antisociali. L'emendamento Helms proponeva che non fossero stanziati dal NEA fondi governativi per « promuovere, diffondere o produrre », testualmente:

1. materiali osceni o indecenti, comprese, ma non soltanto, rappresentazioni di sadomasochismo, omoerotismo, sfruttamento infantile, persone impegnate in atti sessuali;
2. materiale che denigri gli oggetti di culto o le convinzioni degli aderenti a una determinata religione o non-religione;
3. materiale che denigri, svilisca o insulti persone, gruppi o classi di cittadini in base a razza, fede, sesso, disabilità, età o origine nazionale.

Il tratto più evidente e curioso dell'emendamento Helms era che, se non fosse venuto da un senatore repubblicano notoriamente di destra, si poteva scambiarlo (specie negli ultimi due punti) per uno dei regolamenti limitativi dell'espressione verbale proposti di recente, all'interno delle università, dagli agitatori p.c. nominalmente di sinistra. Non era facile capire cosa di preciso intendesse Helms per « una determinata religione o non-religione », ma certo il punto 3 faceva di lui un avversario di razzismo, sessismo e « ismi » vari attinenti a capacità e aspetto fisico, e di ogni altra infrazione all'etichetta sociale la cui proscrizione da parte dei p.c. suscitava tanta ilarità fra i neoconservatori. Gli estremi si toccano.
L'altra particolarità dell'emendamento Helms era di essere redatto in termini così generici da render-

lo virtualmente privo di senso. Esso avrebbe creato, come osservai la settimana seguente su «Time», una demenziale parodia di democrazia culturale, in cui ogni cittadino diventa un Catone il Censore in proprio. Perché un'opera d'arte venga privata di sovvenzioni, o (se esposta in un museo sotto gli auspici del NEA) sottratta alla vista del pubblico, basterà che essa «offenda» chicchessia per una ragione praticamente qualsiasi. L'emendamento, insomma, era una codificazione giuridica della nostra Cultura del Piagnisteo. Avrebbe messo il NEA alla mercé di tutti i lunatici, gli ideologhi e i bigotti d'America. La sovvenzione per una mostra, poniamo, di avori gotici, potrebbe essere annullata perché il materiale è offensivo per gli ebrei (molta arte medioevale è antisemita), per i musulmani (quelle scene di falsi profeti che cuociono all'inferno insieme a Maometto!), o magari per gli atei, offesi dall'uso di denaro pubblico per introdurre nei musei propaganda religiosa di qualunque tipo, antichi intagli in avorio compresi. Una femminista stalinista potrebbe lamentare che la raffigurazione duecentesca di un Dio patriarcale, o il sessismo implicito in un'Eva remissiva o tentatrice, ripugna alla sua «religione o non-religione». Con l'emendamento Helms, un adoratore del fuoco potrebbe sostenere che la presenza di estintori nel museo reca offesa al suo dio.

Helms e i suoi seguaci si affannarono a negare che l'emendamento avesse qualcosa a che vedere con la censura. Com'era venuta in mente un'idea simile, a quei *liberals*? Censura vuol dire reprimere le opere d'arte (o di «cosiddetta arte», per usare l'espressione corretta) che la gente fa usando il proprio tempo e il proprio denaro. Invece, rifiutare denaro pubblico per «promuovere» l'indecenza non è censura. I decadenti come Mapplethorpe e i blasfemi come Serrano facciano quello che vogliono con il loro tempo e i loro soldi; ma non cerchino di arraffare quel seimillesimo di *cent* per dollaro dalle tasse pagate dall'onesto americano medio. (In generale, il fatto che né Serrano né Mapplethorpe avessero chiesto o ricevuto direttamente soldi dal NEA andò smarrito nel polverone retorico. Nessuna foto dell'uno o dell'altro era nata con l'aiuto del NEA; ma grazie all'efficace propaganda della destra politica e religiosa, milioni di americani continuano a credere che il NEA abbia inseguito i due fotografi, imbottendoli di dollari, per aiutarli a fare del loro peggio).

Ci sarebbe voluta, comunque, una bella dose di ingenuità per non capire che il nocciolo della controversia era proprio la censura. I tentativi di tagliare le sovvenzioni pubbliche all'arte « scandalosa » erano solo la punta di una tendenza generale, in crescita nella destra, a reprimere *tutta* l'arte « scandalosa », sovvenzionata o no. L'analisi più lucida del problema venne, alcuni mesi dopo, da un gesuita: il reverendo Timothy Healy, presidente della Biblioteca Pubblica di New York. « Il dibattito verte sulla censura, » dichiarò padre Healy nel novembre 1989 a una sottocommissione parlamentare per l'istruzione universitaria,[2]

« e voler sostenere il contrario è fuorviante. Considerando l'autorevolezza del governo federale, il prestigio conferito dall'assegnazione di fondi nazionali, e l'integrità e l'imparzialità artistica delle giurie che lavorano per le assegnazioni, ogni discriminazione basata sul contenuto è semplicemente una limitazione a priori. Si afferma che l'artista è libero di scrivere, dipingere o comporre a piacer suo anche senza sussidio pubblico, ma privare un artista di questo sussidio a causa del contenuto del suo lavoro è una palese e potente forma di censura. Questa affermazione è un bluff: non tiene conto delle realtà del mercato artistico, e neanche dei diritti dell'artista ...

« L'andamento del dibattito mette in luce una confusione tra legge e etica ... Quando si confondono le due cose è facile arrivare ad affermazioni del tipo "tutto ciò che è bene andrebbe stabilito per legge". Questo è già un brutto inizio, [ma] mescolare la sfera del diritto con la sfera della morale è deleterio ... La legge può tollerare mali che la morale condanna ... Una legge è buona se viene osservata, se si può imporne il rispetto, e se è redatta con la prudenza necessaria a evitare la maggior parte degli effetti dannosi che potrebbero derivarne. Una legge che non risponda a questi requisiti è una cattiva legge, quale che sia la logica o il fervore morale che la animano ».

Anche se nessuna delle argomentazioni espresse nell'aula del Senato raggiunse la chiarezza e la finezza delle parole di questo sacerdote, l'emendamento Helms fu bocciato con 73 voti contro 24. Il Senato decise che la definizione della pornografia doveva essere lasciata ai tribunali.

E la questione finì appunto in tribunale. La mostra Mapplethorpe si spostò a Cincinnati, dove i conservatori decisero di farne un caso che stabilisse un precedente, e denunciarono il direttore del Contemporary Arts Center per pubblica oscenità.

Negli ambienti artistici c'era grande ambascia per quello che sarebbe successo quando il Portfolio X fosse stato mostrato a, be', un branco di zotici del Midwest. Ma ancora una volta prevalse una sorta di naturale buon senso americano, forse più diffuso a Cincinnati che a Soho. Grazie in gran parte al fatto che l'accusa non riuscì a trovare credibili testimonianze di esperti contro le opere in questione, il direttore fu assolto e il circo Mapplethorpe continuò la sua tournée. A questo punto il defunto fotografo era diventato vuoi un eroe, vuoi un demonio culturale; ma comunque tutti, dal Maine ad Albuquerque, avevano sentito parlare di lui, e le invettive del senatore Helms avevano avuto il risultato economico di far lievitare il prezzo delle foto del Portfolio X da 10.000 dollari a circa 100.000.

La tumultuosa vicenda Mapplethorpe, peraltro, ebbe due conseguenze culturali di ampia portata. Primo, seminò paranoia nei rapporti tra i musei americani e le loro fonti di finanziamento. Quando si trattava di raccogliere fondi e di far fronte alle richieste politiche dei gruppi di pressione, produsse tra curatori e direttori di museo un'atmosfera di dubbio, autocensura e disorientata cautela.

Secondo, segnò la fine dell'estetismo americano e rivelò il fallimento della cultura della terapia, in base alla quale tanti professionisti culturali di questo paese tendevano a discutere i rapporti fra l'arte e il suo pubblico. Per spiegare ciò che intendo dire dovrò lasciare Mapplethorpe e questa nostra fine di secolo e risalire a tempi molto precedenti. Ma bisogna considerare anzitutto la prima delle due conseguenze, nel contesto dell'atmosfera politica molto tesa – e, per l'alta cultura, sempre più tossica – che oggi avvolge in America i rapporti tra governo e arte.

II

Alla fine del 1991 era chiaro che l'obiettivo dei conservatori americani, a seconda del quoziente d'intelligenza e della formazione culturale, era o di eliminare senz'altro il National Endowment for the Arts, o di limitare i suoi benefici a eventi artistici puramente « tradizionali ». Data la realtà politica, la seconda alternativa appariva più probabile: troppi ricchi repubblicani (e anche democratici, beninteso) sono interessati al prestigio derivante nei loro collegi dalle buone azioni culturali – come l'appoggio al museo o all'orchestra sinfonica locali – per lasciare che il NEA sparisca del tutto. Nondimeno il fatto che Patrick Buchanan, uomo di idee culturali neolitiche più che neoconservatrici, potesse costringere George Bush a licenziare il capo del NEA, John Frohnmayer, per ammansire gli ignoranti e i mangiagay della destra del Grand Old Party fu un sintomo del panico regnante riguardo alle sovvenzioni pubbliche alla cultura. Probabilmente gli attacchi della destra religiosa non sono destinati a scemare, ora che Bush è stato sostituito da Clinton. Anzi, dato che i bacchettoni vedono in Clinton un liberale demoniaco, e dato che il conservatorismo religioso ha perduto gran parte della sua base di potere a Washington, è molto verosimile che le pressioni a favore di una censura culturale aumentino: è il bottone più facile da premere, e la destra lo preme da troppo tempo per mollarlo adesso. Gli attacchi al NEA sono diventati un elemento del rumore politico di fondo, come gli attacchi al Public Broadcasting System. Fanno parte di una guerra montante in materia di cultura, e non cesseranno.

Negli anni Ottanta, infatti, si è sviluppato un conflitto sempre più acceso circa l'«appartenenza ideologica» della cultura popolare americana, al quale è ineluttabilmente connesso il contenuto delle trasmissioni televisive. Dato l'attuale clima di intolleranza, era prevedibile che la destra – specie la destra religiosa, e i politici che le appartengono o ne temono i voti – non avrebbe rinunciato a gettarsi nella mischia con i suoi scarponi chiodati.

Nessun settore della nostra cultura istituzionale era più vulnerabile di quello televisivo, bersaglio prediletto della polemica repubblicana. L'indipendenza statutaria del Public Broadcasting System, e in particolare nel caso dei programmi relativi alla vita pubblica (notiziari e commenti politici), è sempre stata sullo stomaco ai conservatori. Il PBS è finanziato al 40% dal governo mediante stanziamenti annuali votati dal Congresso, e i tentativi di togliergli i fondi e, se possibile, di sopprimerlo sono da vent'anni un connotato del paesaggio politico.

Nel 1971 il presidente Nixon andò su tutte le furie per la nomina di due «*liberals*», Sander Vanocur e Robert MacNeil, a conduttori di un programma PBS a Washington, e ordinò al suo staff di ottenere «il taglio immediato di tutti i fondi per le trasmissioni pubbliche».[3] Fallito questo obiettivo, lo staff nixoniano concluse, stando a un promemoria a uso interno, che per «cacciar via dalla televisione pubblica, subito e se possibile ieri, i commentatori di sinistra che ci diffamano», la cosa migliore era infilare nel consiglio dell'ente di vigilanza, la Corporation for Public Broadcasting (CPB), «otto persone fidate per controllarlo e licenziare il personale che attualmente decide le assegnazioni di fondi».

L'operazione andò in porto nel 1972, e in materia di informazione i programmi PBS subirono un tracollo, quanto a ampiezza di interessi e a impegno critico. Il nuovo consiglio votò la sospensione del finanziamento di tutti i notiziari e le analisi politiche della rete pubblica. Le pressioni politiche conservatrici sul PBS si attenuarono dopo il Watergate, durante la breve presidenza di Gerald Ford; e più ancora durante l'amministrazione Carter. Ma con Reagan tornarono alla carica con raddoppiato vigore. La posizione ideologica di Reagan riguardo alla soppressione del PBS era identica a quella di Margaret Thatcher sulla BBC. Reagan vedeva nel PBS, in sostanza, una cellula infetta di liberalismo, popolata da contestatori e sinistrorsi; una nube rossogrigia sul Mattino Americano, un bastone tra le ruote del governo. Perché il contenuto della TV non doveva essere controllato interamente dalle forze di mercato? A un presidente che aveva lavorato per anni come imbonitore televisivo per la General Electric non importava molto dei discorsi sulla necessità di programmi «controversi». Nel 1981 e di nuovo nel 1982 Reagan cercò di far abolire dal Congresso tutti i finanziamenti federali al PBS; non ci riuscì, e imparata la lezione, come Nixon prima di lui, riempì il consiglio della CPB di conservatori quali Richard Brookhiser della «National Review», e chiamò a presiederlo Sonia Landau, già animatrice di un comitato d'azione politica («Le donne per Reagan/Bush») nelle elezioni del 1984. Il risultato dei propositi di Reagan, debitamente interpretati dal consiglio, fu di scoraggiare ulteriormente le trasmissioni di attualità sociopolitica e di rendere il PBS più dipendente di prima dalle sponsorizzazioni. In generale gli sponsor rifiutavano di sborsare soldi per i servizi di attualità, preferendo spettacoli «sicuri» e non controversi come *Masterpiece Theatre*, o l'inesauribile filone di quei filmati naturalistici – orpelli elettronici ambientalistici – noti ai cinici del settore con la formula «maggiolini che scopano a tempo di Mozart». Lì non c'era davvero modo di iniettare molte «storture» progressiste, dato che la Natura, dal punto di vista conservatore, ha un irreprensibile comportamento competitivo.

La campagna conservatrice per impastoiare il PBS ha una storia piuttosto lunga, ma di recente ha tratto vigore dall'attacco di Margaret Thatcher all'indipendenza e al finanziamento pubblico della BBC, dal dogma della concorrenzialità di mercato e dalla destra religiosa. I riformatori politici e morali, dal reverendo Donald Wildmon a David Horowitz, collaboratore di «Commentary», salmodiano in coro che il PBS va smantellato perché è una burocrazia liberal-sinistrorsa-antisraeliana pervasa da intenti sovversivi. C'è da domandarsi quanti programmi PBS costoro abbiano effettivamente visto; la dipendenza dal patrocinio delle aziende private ha reso il PBS talmente apolitico e attento a non sbilanciarsi che dipingerlo come un covo di rossi sa di barzelletta, specialmente se si paragonano i suoi programmi con quelli della BBC-2 o delle televisioni statali australiana, spagnola o francese.

La conservatrice Heritage Foundation di Washington ha un «uomo di punta» a tempo pieno, di nome Laurence Jarvik, il quale ha il compito di fornire munizioni alla tesi che la TV pubblica è un inutile relitto del passato. Secondo la Heritage Foundation, qualunque televisione seria dedita al dibattito culturale o alle questioni politiche potrebbe essere finanziata dalle aziende private americane, mediante lo sviluppo di una distribuzione via cavo o forse in modo analogo all'inglese Channel 4, senza spendere un centesimo di denaro pubblico.

Chi crede a questo è a) un'anima bella, b) una persona ignara dei gusti delle aziende quando esaminano arricciando il naso le proposte di sponsorizzazione, oppure c) uno che non confessa i suoi reali obiettivi. Nel caso della Heritage Foundation, sembra trattarsi di una combinazione degli ultimi due punti.

La via praticabile per sottrarre la rete PBS all'oneroso destino del burattino politico è di finanziarla, anziché mediante stanziamenti annuali del Congresso, con un modesto canone imposto a tutti i possessori di apparecchi televisivi – come in Gran Bretagna. Oppure, secondo l'alternativa più «radicale» proposta nel 1986 da John Wicklein sulla «Columbia Journalism Review», ci potrebbe essere una tassa del 2% sui profitti delle emittenti commerciali – che godono gratuitamente dell'uso delle pubbliche vie dell'etere. Questa tassa, diceva Wicklein, potrebbe fruttare 400 milioni di dollari all'anno, una somma che «eliminerebbe la necessità di stanziamenti diretti, ridurrebbe di molto la necessità di sponsorizzazioni private, e fornirebbe i fondi necessari per un servizio nazionale con programmi di prim'ordine». In effetti, qualcosa di molto simile è stato sperimentato in Inghilterra, e si è rivelato un clamoroso successo creativo: Channel 4, bersaglio particolare degli attacchi dei conservatori inglesi. Sebbene definito da Laurence Jarvik «un canale commerciale privato che si sostiene con la vendita di pubblicità», Channel 4 non è niente del genere. Non dipende direttamente dalle entrate pubblicitarie, ma dal denaro erogato dalle case di produzione che lavorano per i canali indipendenti.

Ma prima che in America si sperimentino simili sistemi di finanziamento per la TV non commerciale vedremo probabilmente l'acqua scorrere all'insù. E questo per due ragioni. La prima è che gli americani, sebbene siano tra i popoli meno tassati del mondo, sono notoriamente refrattari all'adagio che non esiste civiltà senza tassazione. La seconda è che i politici *vogliono* mantenere il sistema degli stanziamenti, perché permette di controllare il contenuto delle trasmissioni. Proprio come l'estrema destra, alla fine degli anni Ottanta, voleva stabilire controlli morali sull'arte.

III

Il senatore Helms e i suoi alleati della destra religiosa fondamentalista si erano mossi contro Mapplethorpe – e contro Andrés Serrano e altri – per due ragioni basilari. La prima era opportunistica: il bisogno di affermarsi come difensori della « Via americana » nel momento in cui la crociata originaria contro il Pericolo Rosso era stata vanificata dalla fine della Guerra fredda e dal crollo generale del comunismo. Rimasti privi di barbari alle porte, sono andati in cerca di altri babau. Ma la seconda ragione era che a loro avviso l'arte dovrebbe essere moralmente e spiritualmente edificante, terapeutica, un po' come la religione. Gli americani sembrano davvero ritenere, sotto sotto, che la giustificazione principale dell'arte sia il suo potere terapeutico. Fin dai loro esordi ottocenteschi i musei americani si sono presentati al pubblico in questa chiave: istruttivo beneficio, elevazione spirituale, e non semplice godimento, o documento di storia della cultura. Le radici di questa impostazione si intrecciano con il sentimento dell'identità culturale americana sviluppatosi tra il 1830 circa e la Guerra di Secessione, ma affondano in un suolo più antico, quello del puritanesimo. Se vogliamo capire cosa è avvenuto alla fine degli anni Ottanta dobbiamo risalire alle fondamenta stesse dell'America protestante, senza indulgere a facili ironie sui puritani.

Gli uomini e le donne del New England del Seicento non avevano molto tempo da dedicare alle arti visive. Pittura e scultura erano trappole spirituali, da lasciare ai cattolici. La loro grande fonte di soddisfazione estetica era la Parola, il *logos*.

Nei loro sermoni si colgono le cure di un'America futura: il senso della natura come segno della presenza di Dio nel mondo, e la missione della natura *americana* di incarnare questo segno e di fungere da metafora di una società buona, nuova ma perenne, precaria ma feconda. Ecco Samuel Sewall (1652-1730) che predica nel Massachusetts nel 1697, tramandando il patto biblico:

« Fino a quando Plum Island manterrà fedelmente la posizione che le è stata assegnata, nonostante gli accenti minacciosi e i duri colpi del fiero e tumultuoso oceano; fino a quando salmoni e storioni nuoteranno nelle acque del Merrimack ... fino a quando gli armenti pasceranno le erbe dei prati che umilmente si inchinano davanti a Turkey Hill; fino a quando la libera e innocua colomba troverà in questo sito una quercia dove posarsi, e cibarsi, e costruire un nido sicuro ... *fino a quando la Natura non sarà vecchia e fuori di senno*, ma si ricorderà costantemente di educare i filari di granturco a coppie; fino ad allora qui nasceranno cristiani, e fatti primieramente per incontrarsi, saranno di qui assunti in cielo per partecipare coi Santi della Luce ».

Parole come queste di Sewall suscitano ancora in noi un'eco molto forte. La visione di una natura redentrice, che avrebbe pervaso la pittura americana dell'Ottocento e raggiunto l'apice con il movimento ambientalista dei nostri giorni, era presente in America fin dagli inizi.

Non c'era ancora, in America, un'arte che potesse competere con le consolazioni spirituali della natura, o essere investita della sua autorità morale. Prima del 1820 quasi tutti gli americani respiravano un'aria esteticamente molto povera. Le opere d'arte e d'architettura a cui guardare, non diciamo grandi, ma decorose, erano ben poche. Quando visitiamo le stanze d'epoca dei musei americani e ammiriamo i loro begli arredi, tendiamo a dimenticare che l'atmosfera estetica generale della giovane repubblica era molto più simile a quella di *Li'l Abner*. La maggior parte degli americani non vedevano sculture monumentali; poche grandi chiese, e nessuna a livello europeo per imponenza e perizia d'arte; niente Colossei o Pantheon; e ancora nessun museo. E tutto era nuovo. I monumenti pubblici del classicismo americano, come il Campidoglio di Jefferson a Washington, erano isole in un mare di edifici di gran lunga più umili. L'americano medio non abitava in belle case con le fondamenta, la veranda e magari un frontone, e meno ancora in edifici permanenti di pietra e mattoni, ma in provvisorie strutture di legno, antenate della moderna roulotte e costruite assai peggio.

La bellezza americana, molto più che nella cultura, risiedeva nella natura. Così all'americano intelligente, se aveva modo di visitare l'Europa, accadeva di subire, grazie a una sorta di lampo pentecostale, un'istantanea trasformazione del gusto davanti a un singolo monumento antico; come fu per Jefferson alla vista della Maison carrée di Nîmes, il tempio romano che plasmò il suo concetto dell'architettura pubblica. Un'ora con la Venere Medici a Firenze o con l'Apollo del Belvedere in Vaticano poteva soverchiare tutta l'esperienza estetica precedente del grezzo figlio della nuova repubblica. E l'inesperienza dotava le opere inglesi o europee di una prodigiosa autorevolezza.

Oggi, col turismo e le riproduzioni di massa che

attutiscono preventivamente lo choc, per noi è difficile immaginare un simile stato d'animo. L'americano che arrivava in Europa non era preparato in alcun modo, se non forse da qualche stampa approssimativa, a ciò che stava per vedere. Allo yankee sofferente di inedia culturale l'arrivo in Italia o in Francia pareva un'ammissione al paradiso, un luogo raggiunto dopo una dolorosa iniziazione, il viaggio purgatoriale attraverso l'Atlantico. Quattro settimane di stomaco in subbuglio, e poi... Chartres. « Noi non immaginiamo neanche » scriveva un newyorkese nel 1845 « la sensazione nuova suscitata dalla vista di un capolavoro. È come se fossimo sempre vissuti in un mondo in cui i nostri occhi, benché aperti, non vedessero altro che vuoto, e fossimo trasportati in un altro, dove essi sono accolti dalla grazia e dalla bellezza ».

IV

A questo stato d'animo si aggiungeva una componente molto importante: la generale ammirazione, tra le esili file degli americani amanti dell'arte, per John Ruskin, la cui opera cominciò ad apparire qui dopo il 1845. Ruskin non venne mai in America, ma influì potentemente sui valori artistici americani: si può dire che la sua prosa fluente, duttile, irresistibile abbia fatto da ponte tra il ricco terreno dell'oratoria religiosa ereditata dai puritani (da un lato) e (dall'altro) il modo in cui gli americani di metà secolo si educavano a riflettere sulle arti visive e sul ruolo che esse dovevano avere in una democrazia. Per superare la resistenza puritana alla ricchezza artificiale e alle lusinghe sensuali dell'esperienza visiva, bisognava accentuare, o meglio esaltare all'eccesso, il potere moralizzatore dell'arte, e volgere le riflessioni sul trasporto emotivo in termini religiosi: beneficio, conversione, affinamento, unificazione.[4]

Tanto più che molti di coloro che scrivevano d'arte erano ministri del culto. Nei loro modesti viaggi in Europa, essi sentivano nell'arte la testimonianza possente che l'uomo era fatto a immagine di

Dio, che l'anima era immortale, e soprattutto che la bellezza creata dall'uomo era parte intrinseca del disegno divino: inculcare la virtù. Henry Ward Beecher, massimo predicatore del tempo, dopo essere andato in Francia a visitare i monumenti parlò di «conversione istantanea», non di semplice godimento o edificazione. Naturalmente bisognava scegliere. Per esempio Bruegel e Teniers, con le loro gozzoviglie contadinesche, era meglio lasciarli da parte; impossibile non sentirsi un po' a disagio davanti alle carnose Madonne di Tiziano, troppo modelle, non abbastanza Vergini. Fonte di vera elevazione erano artisti come il Beato Angelico e, s'intende, Raffaello. Il desiderio di riportare in patria la memoria di autorevoli immagini spirituali condannava a volte il visitatore americano alla delusione. La sorella di Beecher, Harriet Beecher Stowe, l'autrice della *Capanna dello zio Tom*, racconta di essere «corsa» al Louvre per trovarvi quadri «che ghermissero e dominassero tutto il mio essere. Ma li cercai invano. I più, fra quegli uomini, avevano dipinto con gli occhi asciutti e il cuore freddo, non curandosi di eroismo, fede, amore o immortalità». Il vero artista, continua, va diritto al cuore, senza spiegazioni; per capire la sua opera non occorre educare il gusto, non c'è bisogno di studio per saperla leggere.

L'idea che le arti visive avessero il potere di cambiare la dimensione morale della vita raggiunse l'apice tra la morte di Monroe e quella di Lincoln. La vediamo in pieno rigoglio negli editoriali settimanali del «Crayon», la principale rivista d'arte di New York a metà Ottocento. Voce della professione artistica americana, la rivista aveva opinioni ben precise sulla personalità e la condotta dell'artista. Nel 1855 il direttore dichiarava risolutamente: «Il godimento della bellezza dipende dall'eccellenza morale dell'individuo, e le è proporzionale. Il nostro presupposto è che l'Arte sia una forza capace di

elevare, che essa abbia *in sé* uno spirito di moralità».
La prima forma dell'artista americano come eroe
culturale è dunque quella del predicatore. Grazie ai
sermoni egli innalzava l'arte dalla condizione di me-
ro mestiere. L'artista supremo era Dio; gli altri imi-
tavano la Sua opera, il «Libro della Natura». Divi-
devano la luce e placavano le acque – specie se erano i Luministi di Boston. Facevano da contrappeso
al materialismo americano.

A che serviva l'arte, domandava il «Crayon», in
«questa età dura, spigolosa e vile» (come definiva la
metà dell'Ottocento)? Ebbene, serviva a mostrare
l'artista come «un riformatore, un filantropo, pieno
di speranza e reverenza e amore». E se l'artista metteva un piede in fallo, cadeva giù giù come Lucife-
ro. «Se si vuole che gli uomini guardino con reverenza all'Arte» ammoniva un altro editoriale «si
deve aver gran cura che essa non sia ... offerta in va-
si impuri e sconvenienti. Così come giudichiamo la
religione dal carattere dei suoi ministri, faremmo
bene a giudicare l'arte dal carattere di coloro che la
rappresentano e la incarnano». Sembra quasi di
sentirla, l'ombra del compianto Robert Mapplethorpe, mentre se la ride sbattendo le ali di cuoio.

Ma si può essere certi che questa affermazione
avrebbe stupito molti artisti del Rinascimento – per
non parlare dei committenti. Nessuno ha mai negato che Sigismondo Malatesta, signore di Rimini, avesse un gusto squisito. Per edificare un tempio
in memoria della moglie assunse l'architetto più
raffinato del Quattrocento, Leon Battista Alberti, e
poi lo scultore Agostino di Duccio per adornarlo, e
Piero della Francesca per affrescarlo. Eppure Sigismondo era un uomo così spietato e rapace che in
vita fu chiamato «il Lupo», e da morto fu tanto ese-
crato che la Chiesa fece di lui (per qualche tempo)
l'unico personaggio, a parte Giuda Iscariota, assegnato ufficialmente all'inferno; prerogativa che egli
si guadagnò legando l'emissario papale, il quindi-

cenne vescovo di Fano, con la sua bianca sopravveste di pizzo e sodomizzandolo pubblicamente nella piazza centrale di Rimini tra gli applausi dei propri armigeri.

Non è questo il comportamento che ci si attende dai custodi delle grandi istituzioni culturali americane. In fondo all'animo sappiamo bene che l'idea che la gente sia moralmente nobilitata dal contatto con le opere d'arte è una pia finzione. Ci sono collezionisti nobili, colti e filantropi; e uggiosi lestofanti che, senza i commessi di Christie's a chiarirgli le idee, crederebbero ancora che il Parmigianino è un tipo di formaggio. I musei sono stati sostenuti da alcune delle persone migliori e più disinteressate d'America, come Duncan Phillips o Paul Mellon, e da alcune delle peggiori, come il fu Armand Hammer. Sugli effetti morali dell'arte non è il caso di generalizzare, perché non sembra che l'arte ne abbia. Se ne avesse, chi la frequenta di continuo, direttori di gallerie e critici compresi, sarebbero dei santi – e non lo siamo.

V

Sotto l'influsso del romanticismo l'anelito all'arte-religione cambiò, e fu gradualmente soppiantato dal gusto per il sublime, sempre moralmente istruttivo ma più indefinito e terreno. I pittori della Hudson River School crearono le loro immagini della natura americana come impronta digitale di Dio; Frederick Church e Albert Bierstadt dipinsero immensi paesaggi che presentavano agli americani ogni tratto dell'arte romantica – dimensioni, virtuosismo, abbandono al prodigioso e allo spettacolare – tranne uno: l'inquietudine. Nelle loro mani, la selvaggia natura americana non dà mai un senso di insicurezza. È l'Eden; il suo Dio è un dio americano che ha per vangelo il « destino manifesto ». Non è il mondo di Turner o Géricault, con i suoi annunci di sciagura e di morte, e non tocca sfere d'esperienza visitate da certa *scrittura* americana: il senso del catastrofico di Melville, o la morbosa introversione di Poe. È pia, pubblica, incoraggiante.

Non meraviglia che questa pittura piacesse tanto al sempre più folto pubblico artistico americano degli anni fra il 1870 e il 1890. Un pubblico che chiedeva all'arte sollievo dai lati oscuri della vita, e non amava né l'inquietudine romantica né il realismo. C'è una strana assenza nella pittura americana di questo periodo, come il cane di Conan Doyle che non abbaiava alla luna. È il rifiuto di affrontare esplicitamente l'immane trauma sociale della Guerra di Secessione. A parte le stampe, l'arte americana non fa quasi cenno alla guerra. Il senso di pietà, di sperpero collettivo e di orrore per il fratricidio che pervade scrittori del tempo come Walt Whitman, ed emerge ancora, trent'anni dopo, nel *Segno rosso del coraggio* di Stephen Crane, si vede solo nelle ricostruzioni dei campi di battaglia, come quelle fotografate da Mathew Brady – mai in pittura. Fenomeno curioso, particolarmente per chi ritiene, come me, che il filone migliore dell'arte americana dell'Ottocento non sia quello romantico-nazionalista dei Bierstadt e dei Church, ma la visione empirica e virile che da Audubon arriva a Eakins e Homer.

Negli anni Ottanta la funzione dell'arte come veicolo di edificazione semireligiosa cominciò a modularsi in una forma ancora più laica e terrena, quella dell'arte come terapia, personale o sociale. Ciò influì profondamente sul carattere di quella particolare forma di cultura rappresentata dal museo americano. Ormai, data la sua grande e crescente prosperità, l'America voleva dei musei; ma sarebbero stati musei diversi da quelli europei. Non sarebbero stati, per esempio, il deposito dei saccheggi imperiali, come il British Museum o il Louvre (in realtà, agli indiani e alle culture a sud del Rio Grande furono sottratte enormi quantità di oggetti, ma questa la chiamiamo antropologia, non saccheggio). E non sarebbero stati gestiti né finanziati dallo Stato, se non marginalmente. Perché i finanziamenti statali, in una democrazia, vogliono dire tasse; e dato che uno dei miti fondatori dell'America è una rivolta fiscale, il Boston Tea Party, l'idea di pagare tasse per sostenere la cultura qui non ha mai attecchito. Altri paesi sono arrivati, mugugnando, ad accettare il principio che non c'è civiltà senza tassazione. L'America no; qui la dotazione annuale del National Endowment for the Arts è pari a circa il 10% dei 1600 milioni di dollari che il governo francese ha riservato nel 1991 alle iniziative culturali, e meno di quanto il nostro governo stanzi per le bande musicali militari.

Qui, i musei nascevano dalla volontaria decisione dei ricchi di creare zone di trascendenza entro la società, per spartire la ricchezza culturale con un pubblico che non poteva possederla. Difatti, come ha messo in luce lo storico Jackson Lears nel suo eccellente studio sulla cultura americana di fine Ottocento, *No Place of Grace*, è del tutto sbagliato pensare che i pescecani (maschi e femmine) della seconda metà del secolo, che applicavano le ventose dei loro immensi capitali alle riserve d'arte della vecchia Europa, lo facessero per pura avidità. L'investimento figurava appena nei loro calcoli; non erano gli anni Ottanta del nostro secolo. Alcuni di essi, segnatamente Charles Freer e Isabella Stewart Gardner, erano dei nevrastenici che vedevano nell'arte una terapia per i propri disturbi nervosi, e pensavano che essa potesse giovare altrettanto ai meno abbienti. Il museo pubblico sarebbe stato un balsamo per i lavoratori; la grande arte del passato avrebbe lenito le loro scontentezze. William James mise in luce questo aspetto nel 1903, dopo aver assistito a Boston all'apertura al pubblico di Fenway Court, la galleria privata di Isabella Stewart Gardner. La paragonò a una clinica. Visitare quel luogo, scrisse, avrebbe dato agli americani travagliati e inquieti la possibilità di dimenticare i loro crucci, di ridiventare fanciulli nel giardino delle meraviglie.

L'idea che un'arte accessibile al pubblico aiutasse a dissipare il malcontento sociale è stata il fulcro dello sviluppo dei musei americani. In Europa pensavano: visto che abbiamo tutti questi quadri, tutti questi disegni e tutte queste sculture facciamone qualcosa, mettiamoli nei musei. In America pensavano: non abbiamo niente, il territorio dell'identità americana non comprende l'arte; allora vediamo di acquistarla di proposito, come parte integrante della società democratica che vogliamo costruire; affineremo noi stessi e gli altri. L'educazione del pubblico non era affatto indifferente al museo europeo; ma il museo americano se ne occupava molto più attivamente.

La ricerca del capolavoro era un veicolo di riconciliazione. In nessun altro paese c'erano contrasti culturali tanto stridenti. Da un lato, un capitalismo americano sanguigno, dirompente, spietato, prometeico, con la possibilità della guerra di classe sempre dietro l'angolo. Dall'altro, l'idealizzazione del passato: un passato non dell'America, ma attingibile per interposta persona, il Medioevo e il Rinascimento che Bernard Berenson e Joseph Duveen vendevano ai ricchi di Boston, Chicago, New York. Le due cose erano strettamente collegate, perché l'una dava sollievo alle tensioni generate dall'altra. Ora che potevano valersi della dinamo, gli americani si volgevano alla Vergine; e, come annotò Dorothy Parker sul libro degli ospiti della villa di William Randolph Hearst, dopo aver visto un Della Robbia sopra la porta della camera da letto di Marion Davies:

> Upon my honor, I saw a Madonna
> Standing in a niche
> Above the door of the private whore
> Of the world's worst son of a bitch.*

La ricerca americana di segni di valore spirituale nell'arte non si limitò al Rinascimento europeo, ma

* « Ho visto, sul mio onore, una Madonna / in una nicchia / sopra la porta della troia personale / del più gran figlio di puttana del mondo ».

abbracciò anche il Giappone e la Cina; donde il grande influsso dei cosiddetti «bonzi di Boston», come William Bigelow e Ernest Fenollosa, i cui sforzi collezionistici in Giappone (dov'erano andati in cerca del proprio *satori*) alla fine del secolo scorso dotarono Boston della sua raccolta senza pari di arte giapponese, in un periodo in cui i giapponesi gettavano il proprio patrimonio artistico alle ortiche sotto la spinta iniziale dell'occidentalizzazione.

E questa insistenza sul tasto terapeutico si accentuò dopo il 1920, tra l'Armory Show* e il momento in cui il modernismo cominciò davvero a diventare la cultura istituzionale d'America. Se dapprima il gusto americano coltivato gli fece resistenza, fu soprattutto perché il modernismo, con la sua carica eversiva e l'apparente violenza alle norme pittoriche, non sembrava abbastanza spirituale. Era in grado di mantenere la promessa tradizionale dell'arte, di fornire vie di fuga trascendentale dal duro ambiente della modernità *industriale*? Si potevano conciliare gli Antichi e i Moderni?

La risposta del museo, dal momento della fondazione del Museum of Modern Art, fu sì. Il museo americano doveva contemperare la propria indole morigerata con la tesi fondamentale dell'avanguardia modernista: l'arte avanza iniettando nel proprio discorso dosi di inaccettabilità, e aprendo così nuove possibilità di cultura. Il risultato fu un brillante adattamento, sconosciuto in Europa. L'America mise in campo il concetto di avanguardismo terapeutico, e costruì musei in suo nome. Questi templi poggiavano su due pilastri. Il primo era l'estetismo, l'arte per l'arte, decretante che ogni opera va letta anzitutto in base alle sue qualità formali; e questo liberava l'opera d'arte dalla censura puritana. Il secondo era quello, familiare, del beneficio sociale:

* Esposizione internazionale d'arte moderna, tenutasi nel 1913 a New York nei locali di un'armeria militare [*N.d.T.*].

un'opera, se il principio dell'arte per l'arte la colloca giustamente fuori dell'àmbito del giudizio morale, è morale di per sé, perché, risulti o meno a tutta prima evidente, indica la via verso verità superiori e quindi reca beneficio. Dapprima si può esserne urtati, ma poi ci si adegua, e la cultura continua a progredire. E questo ci riporta dritto al museo e al Portfolio X di Robert Mapplethorpe.

VI

È stupefacente come le apologie che i critici d'arte hanno scritto su quelle scene di torture sessuali si esprimano tutte nei termini di un estetismo solipsistico fino all'assurdo, o di laboriose e inverificabili attestazioni di pregi terapeutici. Nel primo caso, la difesa si basa su una scissione tra forma e contenuto di un'astrattezza lunare. Una mia vecchia conoscente, ora scomparsa, raccontava di aver visitato la National Gallery di Londra con un gruppo guidato da Roger Fry, il critico formalista inglese. Questi si fermò ad analizzare un trittico dell'Orcagna raffigurante Dio Padre, terribile nella sua collera, occhi lampeggianti e barba fluente, che indica implacabile il Figlio crocifisso. «Ora» disse Fry «dobbiamo concentrarci sulla massa centrale dominante». Adesso, settant'anni dopo, abbiamo un critico come Janet Kardon, che nel catalogo Mapplethorpe e nella sua testimonianza al processo di Cincinnati, ragionando sulla foto di una mano maschile spinta fino al polso nell'ano del partner, e su un'altra dove un dito è infilato nel pene, gorgheggia di «centralità dell'avambraccio», e di come esso avambraccio ancori la composizione, e di come «le scene appaiano distillate dalla vita reale», e di come la loro elaborazione formale «purifichi, e cancelli, gli elementi pruriginosi». Questo, direi, è il genere di estetismo frusto e letteralmente de-moralizzato che non troverebbe nessuna differenza sostanziale tra un'adunata nazista a Norimberga e uno spettacolo musicale di Busby Berkeley, perché tutti e due, in fin dei conti, sono esempi di coreografia art-déco. Ma non è un giudizio più incongruo di quello diametralmente opposto formulato da recensori come Ingrid Sischy e Kay Larson, e cioè che le immagini più sessualmente drammatiche di Mapplethorpe sono in un certo senso didattiche: dionisiache di per sé, esse hanno il carattere di uno spettacolo morale, che lacera i veli della *pruderie* e dell'ignoranza e promuove i diritti dei gay mettendoci di fronte ai limiti estremi del comportamento sessuale umano, oltre i quali è possibile solo la morte. Questa, ha scritto la Larson, è «l'ultima frontiera dell'autoemancipazione e della libertà». Il tizio con i genitali sul ceppo della fustigazione diventa la versione d'avanguardia dell'alpinista edoardiano, che penzola da un picco dell'Himalaya: sotto di lui il vuoto, attorno a lui la corda e, sopra, l'esperienza suprema. Tutto questo mi pare dubbio, per usare un termine blando. Se un museo esponesse immagini analoghe, ma che avessero come protagoniste delle *donne* masochiste consenzienti, nel mondo artistico si leverebbero tumultuose proteste: sessismo, degradazione, sfruttamento, tutto il repertorio. Ma quello che vale per la regina dovrebbe valere anche per il re. E comunque, come ha osservato Rochelle Gurstein in un ottimo articolo su «Tikkun»,[5] l'affare Mapplethorpe rivela «quanti arbitri culturali siano prigionieri, come molti teorizzatori politici, di un modo di ragionare che restringe la disputa su ciò che deve o meno apparire in pubblico negli angusti termini dei diritti individuali – in questo caso, il diritto di autoespressione dell'artista –, anziché tener conto dell'interesse del pubblico per la qualità e il carattere del nostro mondo moderno». Io difenderei l'esposizione del Portfolio X in base al Primo Emendamento (che sancisce la libertà d'espressione), purché limitata agli adulti consenzienti. Ma ci prendiamo in giro se supponiamo che il Primo Emendamento esaurisca i termini del dibattito, o se accettiamo l'idea ingenua che tutti i tabù sulla rappresentazione sessuale siano fatti per essere infranti, e che oggi, nel 1992, infrangerli abbia qualcosa a che vedere con l'importanza dell'arte. Il fatto che per molti ammiratori di Mapplethorpe il semplice sollevare questioni simili sia « fare il gioco » della destra censoria dà la misura della foga generata da questa controversia.

Mi sono dilungato sulla baruffa intorno ad alcuni lavori di un fotografo americano alquanto sopravvalutato perché essa si collega direttamente alla questione della politica nell'arte, e all'atteggiamento dei musei americani in proposito. A me sembra che un museo, qualsiasi museo, non abbia nessunissima ragione di privilegiare opere apertamente politiche rispetto a quelle che non lo sono. L'arte politica d'oggi è solo uno strascico dell'idea che pittura e scultura possano provocare cambiamenti sociali.

In tutta la storia dell'avanguardia, questa speranza è stata confutata dall'esperienza. Nessuna opera d'arte figurativa del Novecento ha avuto un impatto analogo a quello della *Capanna dello zio Tom* sull'atteggiamento degli americani verso lo schiavismo, o di *Arcipelago Gulag* sulle illusioni circa la vera natura del comunismo. Il dipinto politico più celebrato, riprodotto e universalmente riconoscibile del Novecento è *Guernica* di Picasso, e non ha cambiato di una virgola né abbreviato di un giorno il regime franchista. Ciò che cambia davvero l'opinione politica sono gli avvenimenti, le discussioni, le foto sui giornali e la TV.

La parola d'ordine dei cataloghi anni Novanta è:

diffondersi su artisti impegnati che «affrontano le tematiche» del razzismo, del sessismo, dell'AIDS e via dicendo. Ma i meriti di un artista non sono funzione né del sesso, né dell'ideologia, né delle preferenze sessuali, né del colore di pelle o delle condizioni di salute, e affrontare una tematica non vuol dire affrontare un pubblico. Tanto, il virus dell'immunodeficienza non sta a sentire. Il signor Taldeitali non guarda le virtuose immagini femministe di John Heartfield appese alle pareti del Whitney Museum: sopra il bancone di lavoro ha incollato una pin-up, e tutte le Barbara Kruger* del mondo non indurranno né lui né altri a emendarsi. L'arte politica dell'America postmoderna è tutta una predica ai convertiti. Come ha osservato Adam Gopnik sul «New Yorker», recensendo la Carnegie International di Pittsburgh, quest'arte consiste essenzialmente nel prendere un'idea ineccepibile nella sua ovvietà – «il razzismo è un male», o «a New York non dovrebbero esserci migliaia di barboni e di matti per le strade» – e poi darle una cifra così inintelligibile che lo spettatore, quando è riuscito a ritradurla, sente l'orgoglio di partecipare a ciò che chiamiamo il «discorso» del mondo artistico.[6] Ma avere per tema l'AIDS o l'intolleranza non dà a un'opera d'arte pregi estetici maggiori che se parlasse di sirene e palmizi.

Comunque sia, gran parte della nuova arte impegnata è talmente malfatta che solo il contesto – la sua presenza in un museo – suggerisce che essa abbia intenti estetici. So che questa obiezione a molti non fa né caldo né freddo: già solo chiedere che un'opera d'arte sia fatta bene è, per costoro, un segno di elitarismo, e presumibilmente qualche critico teorizzerebbe che un'opera d'arte malfatta è una metafora di quanto sia diventato sciatto il resto del mondo della produzione, ora che l'etica del buon

* Artista femminista degli anni Ottanta [N.d.T.].

lavoro artigiano è largamente svanita: sicché l'inettitudine artistica schiaffata nel contesto del museo acquista una sorta di funzione critica. Ma in realtà non veniva in mente questo, guardando il ciarpame esposto all'ultima Biennale del Whitney Museum: per esempio, un grigio *collage* documentario tipo pannello scolastico firmato Group Material e intitolato *Aids Timeline*, o un'opera di Jessica Diamond consistente in un segno di uguale cancellato con una croce, e sotto, in una grafia estenuata, «Totalmente disuguale». Chi pensa che questo lamentoso diagramma possa aggiungere qualcosa alla percezione del privilegio in America, solo perché ha ottenuto spazio sul muro di un museo, vaneggia.

Negli ultimi anni l'Europa ha prodotto qualche artista di valore, per complessità e forza di immaginazione, la cui opera si potrebbe chiamare politica; per esempio Anselm Kiefer, o Christian Boltanski. Ma i tratti costanti dell'arte vittimistica americana sono le pose e l'inettitudine. Nelle performance di Karen Finley e di Holly Hughes abbiamo un concentrato delle storture dell'arte-come-politica: l'idea che la pura espressività sia sufficiente, che io divento artista mostrandoti le mie viscere calde e sfidandoti a rifiutarle. Non ti piacciono le mie viscere? Fai il paio con Jesse Helms.

Le pretese di questa robaccia sono puerili. Io ho esigenze, ho bisogni. Perché non li avete soddisfatti? Il «voi» non ammette differenziazioni, e l'indiscussa statura morale dell'«io» è profondamente anestetica. Si gradirebbe qualche segno di consapevolezza della sfumatura che distingue l'arte dagli slogan. Questo è stato il requisito minimo della buona arte politica, e specialmente della satira, dal tempo di Gillray e Goya e Géricault a quello di Picasso, John Heartfield e Diego Rivera. Ma oggi l'accento batte sul puramente personale, sull'«espressivo». Della satira si diffida, è elitaria. Quindi la disciplina artistica, connotata dall'amore per la struttura, la chiarezza, la complessità, le sfumature e l'ambizione immaginativa, recede; e vengono avanti le pretese di esonero. Io sono una vittima: come osate impormi i vostri canoni estetici? Non vedete che con tutto il male che mi avete fatto mi basta mostrare le mie ferite, e chiamarla arte? Nel 1991 uscì su « Art in America » una perla di intervista a Karen Finley, in cui questa artista della performance, ex cattolica, dichiarava che la misura della sua oppressione in quanto donna era che lei non aveva nessuna possibilità, non una al mondo, di diventare papa. E lo diceva seriamente. Difficile immaginare un esempio più lampante dell'egocentrismo dell'artista-vittima. Sono anch'io un ex cattolico, e il pensiero di questa ingiustizia non mi ha trovato insensibile. Ma pensandoci su, sono giunto alla conclusione che c'è in realtà una ragione per non ammettere Karen Finley al papato. Il papa è infallibile solo in certe occasioni, quando parla *ex cathedra* di questioni di fede e di morale. Questa artista della performance, nel radicalismo del suo rango di vittima, è infallibile sempre. E nessuna istituzione, neanche antica e scaltrita come la Chiesa cattolica, potrebbe reggere il peso dell'infallibilità permanente del suo capo. Questo è il motivo – più ancora della prospettiva di vedere sul trono di Pietro una irlandese spalmata di cioccolato che geme sull'oppressione – per cui voterei contro di lei se fossi membro del Sacro Collegio, cosa poco probabile anche per me.

Le pressioni dell'attivismo impegnato creano tensioni nei musei, com'è nelle intenzioni, e sono rapidamente interiorizzate dai comitati direttivi. Entrano così in gioco due sistemi di preferenza artistica, che producono un duplice atteggiamento censorio.

Un esempio vistoso si è avuto a Washington nell'aprile 1991. Il National Museum of American Art allestì una mostra intitolata *The West as America*, una gigantesca antologia di immagini intesa a rivedere la versione trionfalistica dell'insediamento bianco nell'America ottocentesca.[7] Cosa ci dicevano sul «destino manifesto» i pittori e gli scultori del tempo? La mostra cominciava con quadri storici dei Padri pellegrini e terminava con fotografie di tronchi di sequoie californiane attraversati da trafori stradali. Le opere d'arte, più che per i loro intrinseci pregi estetici, erano scelte esplicitamente in quanto testimonianza di idee e di opinioni, e documento degli avvenimenti. In questo niente di male, purché si dica chiaramente cosa si vuol fare, e i curatori lo dicevano. Spesso opere d'arte decisamente minori, o esteticamente trascurabili, o addirittura obbrobriose, sono molto istruttive riguardo al modo di pensare di una società. E comunque nella pittura americana dell'Ottocento i capolavori non abbondano. Per lo più si vedevano oneste fatiche di piccoli talenti provinciali, che meriterebbero a stento di essere studiate non fosse per la chiarezza con cui illustrano i temi di un'America in espansione. La mostra si proponeva di de-costruire le immagini, e anche questo era abbastanza legittimo, perché se in questa cultura c'è mai stato qualcosa di costruito è il mito di fondazione del West americano.

A me la mostra sembrò interessante e stimolante, e lo dissi in una recensione. Un po' meno mi piacquero il catalogo e specialmente i pannelli esplicativi, pervasi da toni polemici tardomarxisti e veterofemministi. Pannelli del genere erano una caratteristica dei musei sovietici. «Questo uovo di Fabergé, simbolo della decadente frivolezza dei Romanov...», eccetera. Cacciati dalla Russia, i pannelli sono emigrati da noi. Eccovi l'immagine di un Irochese. Oh, il povero americano indigeno! Guardate, è raffigurato morente! E notate l'atteggiamento sottomesso della squaw, tentativo di proiettare sui popoli vinti il fallocentrismo del capitalismo primitivo! E la freccia spezzata lì in terra, simbolo della possanza perduta del maschio (del resto convenzionalmente esagerata)! Ah, che schifo! Altra diapositiva!

Una redattrice del catalogo aveva puntato l'attenzione anche sulle cornici dei quadri, dichiarando che «le cornici rettilinee ... evidenziano smaccatamente la supremazia bianca». Bastano poche di queste pensate per fare un certo effetto, e *The West as America* ne era piena.

Nondimeno, fui stupefatto dalla violenza della reazione alla mostra. A cominciare da Daniel Boorstin, già direttore della Biblioteca del Congresso, uno stuolo di politici e di giornalisti di destra si diedero a menare fendenti. A nessuno di loro venne in mente che la storia leggendaria del West subiva da anni gli attacchi della critica storica, o che l'assunto della mostra non era né inedito né particolarmente nuovo, se non perché era trasferito nel campo della pittura. Che la versione alla John Wayne della frontiera fosse messa in discussione, a loro sembrava un'indecenza. E naturalmente quei pannelli portavano acqua al loro mulino. Guidava la carica il senatore Ted Stevens dell'Alaska, un re degli oleodotti repubblicano che aveva le sue buone ragioni per non volere che la Smithsonian Institution di Washington organizzasse mostre, a suo dire, di «storia distorta», mostre che parlassero di conquista, di sviluppo e della sorte degli indiani. Stevens accusò il segretario della Smithsonian di avere «finalità politiche», come se lui, dal canto suo, non ne avesse affatto.

Il messaggio era chiaro: al governo ci torneremo, quindi rigate dritto o vi taglieremo i fondi. È un messaggio che rimbomba nelle orecchie delle istituzioni artistiche americane dall'affare Mapplethorpe in qua. E d'altra parte la direttrice del National Museum of American Art, Elizabeth Broun, ebbe una buona dose di consensi da critici, operatori culturali, ecc.: *The West as America* non era una mostra perfetta, peccava di retorica, ma poneva problemi reali in fatto di utilizzo e significato dell'arte americana, e nel complesso era un'iniziativa molto positiva. In ogni caso, i nemici dei miei nemici sono miei amici.

Ma la Broun, appena emersa dalla caligine delle censure destrorse, pensò bene di aggiustare un po' il tiro di suo. Un mese dopo la chiusura della mostra sul West, il National Museum of American Art ne aprì un'altra, organizzata da un altro museo e approdata a Washington. Questa mostra conteneva un'opera del celebre minimalista americano Sol LeWitt. LeWitt è noto soprattutto per i reticoli modulari, ma l'opera in questione era una delle sue prime e risaliva agli anni Sessanta: una scatola in cui si vedevano delle immagini, una serie di ingrandimenti successivi di una foto a figura intera di una donna nuda vista di fronte. In un empito di correttezza politica, la Broun decise che LeWitt convogliava l'attenzione dello spettatore, in modo pruriginoso e sessista, sul ciuffo pubico della signora, e bandì senz'altro l'opera dalla mostra. Il curatore originario, che vi aveva incluso il LeWitt, lanciò senza indugio una campagna di stampa contro questo atto censorio; e l'opera fu rimessa al suo posto. La censura buona – no, chiamiamola intervento fattivo della sensibilità innovatrice – è terapeutica e si riflette positivamente sulle donne e le minoranze. La censura cattiva è quella che ti fanno gli slavati fallocrati. Fine della lezione.

VII

Sono il solo a trovare in tutto questo una certa frastornante piccineria? Chiaramente no: negli ultimi anni le pressioni politiche sono diventate un grave impaccio per i musei americani, e materia di preoccupazione ossessiva per chi vi lavora. Il museo è stretto dolorosamente in una morsa, e tra la ganascia di destra e quella di sinistra rischia di torcersi fino a diventare un oggetto inservibile. Negli Stati Uniti queste pressioni sono molto più forti che in qualsiasi paese europeo di mia conoscenza. Sono il risultato di un martellamento politico totalizzante, della convinzione – comune alla destra e alla sinistra – che nessuna sfera della cultura pubblica debba essere esente da pressioni politiche, perché tutto si risolve comunque in politica. A questo portano sia il credo politicamente corretto secondo il quale il personale è politico – atti di immaginazione compresi –, sia il punto di vista conservatore secondo il quale ogni bastone è buono per dare addosso ai *liberals*, e poco importa cos'altro resta ammaccato nella mischia. Il museo americano non è stato concepito come arena per queste dispute, e quindi reagisce in modo decisamente maldestro e inetto. E a complicare la sua reazione ci sono le pretese dell'arte atti-vistica/impegnata di costituire un'avanguardia.

Da un quarto di secolo è evidente che l'idea di avanguardia non corrisponde, in America, a nessu-na realtà culturale. Il mito dell'artista o del gruppo innovatore in lotta contro un *establishment* trincerato sulle sue posizioni è defunto. Perché? Perché a me-moria d'uomo la nostra cultura ufficiale è sempre stata costituita da arte nuova. L'America è dedita al progresso; ama imparzialmente il nuovo come il vecchio. Quindi l'idea di avanguardia poteva soprav-vivere solo come finzione, sorretta da pie storie di martirio culturale; ora il contesto di queste storie si è spostato dallo stile al sesso e alla razza, ma la tra-ma rimane più o meno la stessa. Oggi nessuno usa più il termine « avanguardia » – è una non-parola. Invece, galleristi e direttori di museo parlano di « punta di diamante », termine evocante l'impres-sione positiva di cose nuove e attualissime che rom-pono le paratie reazionarie, lasciandosi il vecchio al-le spalle, creando qualcosa, marciando impetuosa-mente in avanti.

Disgraziatamente, questo modello è stato fatto a pezzi negli anni Ottanta e non si può risuscitarlo. L'idea di una terapeutica ingegneria dell'anima ba-sata sull'arte andò a picco quando il mondo artisti-co diventò industria artistica, quando l'avidità e il luccichio dell'era Reagan cominciarono a cavalcare quella « punta di diamante », quando migliaia di spe-culatori invasero il mercato e l'arte contemporanea fu investita da una mentalità da speculazione borsi-stica. Più il mondo dell'arte si riempiva di appassio-nati fasulli che in altre circostanze avrebbero ven-duto paludi in Florida o pozioni miracolose nel Texas, più il suo linguaggio diventava elevato. Ogni scalatore di società con un Salle appeso al muro cianciava da intenditore di iperrealtà e mercifica-zione. Una sbornia come quella degli anni Ottanta non è senza postumi, e oggi ne abbiamo di pesanti.

In quel periodo la popolazione artistica crebbe enormemente, grazie alla sovrapproduzione di diplomi delle scuole d'arte negli anni Settanta e al miraggio del mercato. Non c'era base pensabile di collezionisti tanto ampia da sostenerla, neanche nei sette anni grassi terminati col crollo del mercato d'arte del 1990, e tanto meno negli anni magri che presumibilmente ci stanno davanti. Nell'ultimo trentennio il livello dell'istruzione artistica in America è andato costantemente calando, e quindi la maggior parte degli artisti, come i discepoli dei corsi di scrittura creativa, sono mal preparati ed è improbabile che producano cose memorabili. Non è colpa loro: li ha serviti male il sistema scolastico, anteponendo la teoria al mestiere, la terapia al tirocinio, le strategie alle nozioni elementari. In un mondo artistico sovrappopolato, con un mercato depresso, sempre più sentiremo parlare di discriminazioni a danno degli artisti – recriminazioni senza fine su razzismo, sessismo e così via; mentre il vero problema è che gli artisti sono troppi, e non c'è spazio per tutti. In America ce ne saranno duecentomila, e calcolando che ognuno di loro faccia quaranta opere all'anno abbiamo otto milioni di oggetti, la massima parte dei quali non ha un'ombra di possibilità di sopravvivere. Forse bisognerebbe rinnovare le iniziative della Work Projects Administration degli anni Trenta, ma queste sono chimere. Quel che è certo è che il grosso di questo sovrappiù di opere senzatetto non troverà un tetto al museo.

Molti artisti si sentono defraudati, e questo ha prodotto attacchi a ripetizione contro l'idea di « qualità », vista come nemica della giustizia. A simili attacchi, soprattutto, il museo serio deve resistere. Abbiamo visto come hanno ridotto gli studi letterari nelle università. La qualità, si dice, è un trucco, il risultato di una congiura dei maschi bianchi per emarginare il lavoro di altre razze e culture. Invocarne la presenza nelle opere d'arte è in qualche modo un atto intrinsecamente repressivo.

Su questa tesi si imperniano una quantità di lagnanze stereotipate. È diventata la Nuova Ortodossia, e i critici e gli storici dell'arte sembrano, in misura crescente, incapaci di resisterle. Tra la miriade di possibili esempi, prendiamo questo passo di un saggio di Eunice Lipton, dal catalogo della mostra *The Decade Show*, tenuta nel 1990 congiuntamente presso il Museum of Contemporary Hispanic Art, lo Studio Museum di Harlem e il New Museum of Contemporary Art di New York. «Uno degli strumenti più efficaci con cui la storia dell'arte produce eletti e reietti» scrive la Lipton[8]

«è il concetto di "genio artistico"... Requisiti quasi indispensabili di questo artista-eroe sono le infiammate filippiche, il fervore biblico, le incontrollabili pulsioni sessuali, lo spirito competitivo (con freudiano complesso edipico sullo sfondo), e soprattutto l'ossessione esclusiva per il lavoro. Pensate a Michelangelo, van Gogh, Rodin, Picasso, Pollock: potrebbero questi artisti essere lesbiche, asioamericani, americani nativi? Il discorso bianco rabbrividisce al pensiero di un simile caos, tanto è temibile la minaccia rappresentata da queste trasgressioni».

Bene, immagino che la prima risposta al bruciante interrogativo della Lipton sia: no, quegli artisti non potrebbero essere diversi da ciò che furono, se non altro perché sono morti. Nessuno sforzo di immaginazione – nessuno, almeno, che abbia senso – potrà dare a van Gogh una madre cinese, o mutare Rodin in un Cherokee: è troppo tardi perché essi subiscano queste metamorfosi «trasgressive», per quanto la cosa possa sembrare auspicabile a critici come la Lipton. Almeno Michelangelo, se non proprio una lesbica in piena regola, era omosessuale, ma ho idea che questo non basti ad assolvere i suoi ammiratori. L'aspetto più notevole del passo citato, tuttavia, mi pare la caricatura del «discorso bianco», come lo chiama l'autrice. La sua descrizione dell'artista-eroe romantico visto dalla moderna storia dell'arte è un fenomeno da baraccone che farebbe ridere qualsiasi critico serio. È un'invenzione giornalistica, e di un giornalismo di bassa lega. Lo stereotipo dell'artista come una sorta di demiurgo fallocratico, che crea arbitrarie meraviglie nel vuoto sociale, continua ad attrarre la cultura di massa, ma appartiene al territorio di Judith Krantz,* non della storia dell'arte. Chiunque abbia mezzo grano di sale in zucca sa che per arrivare a Michelangelo bisogna lasciare da parte l'immagine che ne dà *Il tormento e l'estasi*, e che per capire qualcosa di van Gogh non si comincia da *Brama di vivere*.** E chi ha mai parlato di Chardin in termini di «incontrollabili pulsioni sessuali», o di «fervore biblico» per Piero della Francesca, o di «appassionate filippiche» per Watteau?

Sembra però che il biografismo eroicizzante, deplorato da critici come la Lipton quando si tratta di Michelangelo, van Gogh e simili, sia repressivo ed egemonico se applicato ai bianchi, ma decisamente auspicabile per i negri. Questa critica «rafforzativa» è sempre più di moda in America. È male usare parole come «genio», *a meno che* non si parli di Jean-Michel Basquiat, il Chatterton nero degli anni Ottanta che, nel corso di una pittoresca carriera di giovane prostituto, tossicomane e astro dell'arte, lasciò sulla superficie culturale un'esile traccia intrecciando le convenzioni dei graffiti stradali con quelle dell'*art brut*, prima di uccidersi a ventisette anni con un'overdose. La prima fase del destino di Basquiat, a metà degli anni Ottanta, fu di essere acclamato da un'industria artistica tanto banalizzata dalla moda e accecata dal denaro da non saper distinguere uno

* Autrice di romanzi rosa [*N.d.T.*].
** *Il tormento e l'estasi* e *Brama di vivere* sono biografie romanzate di Irving Stone [*N.d.T.*].

scarabocchio da un Leonardo. La seconda fase fu di essere piantato in asso da quello stesso pubblico, una volta sfumata la novità del suo lavoro. La terza fu un tentativo di apoteosi a quattro anni dalla sua morte, con una grande retrospettiva al Whitney Museum intesa a purificare la sua breve vita frenetica e a fare di lui una figura di martire per così dire multiuso e gonfiabile – restaurando in questo modo il valore monetario della sua *œuvre* in un periodo di crollo dei prezzi dell'arte contemporanea americana. Durante questo solenne esercizio di Vittimologia Eroica furono rispolverate tutte le iperboli sull'artista-demiurgo. Uno dei redattori del catalogo proclamava che «Jean rimane avvolto nella silenziosa toga purpurea dell'Immortalità»; un altro opinava che egli fosse «quanto di più vicino a Goya la pittura americana abbia prodotto». Un terzo, per non essere da meno, esaltava il «punitivo regime autolesionistico» di Basquiat, facente parte delle «discipline imposte dal principio di ascetismo inverso a cui egli si era votato così risolutamente». Queste discipline di ascetismo inverso significano, evidentemente, bucarsi finché morte ne segua. Il ragazzo è morto per i *vostri* peccati. Attraverso la droga, scriveva un quarto estensore del catalogo, Basquiat «parodiava e cercava di guarire una cultura psichicamente malata». Come se questa Neolingua non bastasse, ecco infine l'opinione del direttore del Whitney, David Ross: «Le divisioni etniche rimangono un problema centrale della vita americana, e in molta gente i persistenti pregiudizi razziali offuscano seriamente la capacità di capire Basquiat». Evidentemente non si può «capirlo» e trovarlo pur sempre banale. Dunque, insinua un alito umido, se non ti piace l'opera di Basquiat è perché detesti i negri. È un segno dei tempi che un grande museo di New York ricorra a simili ricatti emotivi.[9]

Dietro queste balordaggini si annida una voglia malcelata di segregazione culturale. Che corrisponde a una delle tendenze più corrosive della società americana d'oggi – corrosiva, intendo, per qualsiasi idea di terreno civile comune: la tendenza a trattare le asserite esigenze culturali e educative di un gruppo (donne, negri, ispanici, cinoamericani, gay, e chi più ne ha più ne metta) come se esse prevalessero su qualsiasi esigenza individuale, e fossero tutte, automaticamente, in conflitto con i presunti voleri monolitici di una classe dominante, alternativamente demoniaca e condiscendente, composta di capitalisti bianchi maschi eterosessuali. Sempre più si dà per scontato che l'orizzonte culturale di ognuno di noi è stabilito e fissato una volta per tutte dalla nicchia in cui siamo cresciuti. Si può immaginare il disprezzo con cui un grande artista messicano come Diego Rivera avrebbe reagito a un'idea del genere. Rivera non pensò mai di non essere stato « messo in grado »; né lo pensava Frida Kahlo, pittrice e due volte sua moglie – e Dio sa se lei non rientrasse in tutte le categorie emarginatorie dell'attuale litania della recriminazione: ispanica, bisessuale, soggetta quasi tutta la vita a gravi sofferenze fisiche. Rivera ha dato probabilmente al Messico, quanto a consapevolezza di sé e orgoglio culturale, più di ogni altro artista messicano; ma ha potuto farlo soltanto perché aveva assorbito e completamente assimilato la grande tradizione della pittura d'affresco rinascimentale che, fondendosi con il suo profondo interesse per il modernismo francese, per l'arte del Messico precolombiano e per l'arte popolare viva, produsse i risultati straordinari che vediamo sulle pareti del Palacio Nacional di Città del Messico. Se avessimo detto a Rivera che la qualità non conta, ci avrebbe riso in faccia.

Nella storia dell'arte, in ogni epoca, ci sono state glorie immeritate e artisti ignorati a torto. Ma sono fenomeni temporanei; a lungo andare le ingiustizie, generalmente, vengono sanate. Vent'anni fa il sistema artistico americano era interamente fallocratico. Oggi rimangono ben poche prevenzioni istituzionali verso le donne che fanno arte, probabilmente anche meno di quante ce ne siano nell'editoria americana verso scrittrici e *editors* femmine. Nei confronti dei negri le prevenzioni sono maggiori, ma anche queste stanno rapidamente svanendo.

Dei postumi degli anni Ottanta, tuttavia, fa parte la vertigine da cui si viene presi nel constatare quante delle aquile di allora fossero in realtà tacchini. La frenetica voracità culturale era poco propizia agli artisti che si sviluppano lentamente, a quelli che danno più valore a una certa classica reticenza e a una contabilità precisa dei sentimenti che non alla mera espressività o contestazione. Creava difficoltà anche a chi crede che un'arte basata sulle tradizioni interne alla pittura e alla scultura possa raggiungere vette inaccessibili a un'arte basata sui mass media. Per certi versi, costoro si scontrano oggi con barriere di gusto e di prassi museale non meno formidabili della crosta di preconcetti di cent'anni fa. Attualmente il mondo artistico americano è bloccato. I direttori di museo sono tuttora succubi del mercato; la sua pretesa varietà è un mito, perché resta aggrappato allo star-system degli anni Ottanta; le sue istituzioni marciano gomito a gomito, imponendo una uniformità di gusto che ha pochi riscontri nella storia della cultura americana.

E adesso, ciliegina su questa stantia torta culturale, gli artisti devono vedersela con l'ottundente sentimentalismo generato dal multiculturalismo istituzionale all'americana. Chi parla del multiculturalismo come di un programma «radicale» non si accorge di quanto i suoi effetti sull'arte possano risultare placidamente banalizzanti, e consolatorii per il gusto del grande pubblico. Già lo vediamo bene in un settore: quello dell'arte pubblicamente sovvenzionata, dove i programmi «multiculturali» servono a togliere il tartassato National Endowment for the Arts dall'impiccio di fare scelte comunque discriminanti. Se i filistei sbraitano affinché si smetta di finanziare col denaro pubblico un'arte «elevata», cioè difficile e magari controversa; se i moralisti reclamano la testa di ogni poeta o performer il cui lavoro non è in armonia con i «valori della famiglia» e potrebbe irritare qualche petroliere dell'Oklahoma: quale miglior rifugio di un multiculturalismo riparatore? Convogliamo il già esiguo rivolo di denaro pubblico verso cose su cui nessuno può trovare a ridire: «Ricami Hmung cambogiani, ceste intrecciate di fieno marino, danze indigene dell'Alaska sudorientale, panieri e lavori in legno degli indiani d'America, canoe delle isole del Pacifico, concerti di banjo dei monti Appalachi», per citare un opuscolo recente pubblicato dal NEA a dimostrazione di come siano diventati affettuosi i rapporti del governo con le sacche di cultura locale, nostalgicamente valorizzate, dopo i patemi Mapplethorpe e Serrano. Chi vorrà dare addosso al NEA perché sovvenziona qualche artigiano dei dintorni di Seattle per organizzare corsi speciali intesi a infondere «autostima» nei bambini, insegnandogli a intagliare castori in stile Kwakiutl nel legno di cedro? Ovviamente nessuno. Il multiculturalismo e la «diversità culturale», interpretati dagli organismi che erogano i fondi federali e da sempre più numerose fondazioni private, sfumano in un encomiabile hobbysmo. Producono ben poco che, in termini estetici, possa mettere in discussione, affinare, criticare o comunque ampliare il modo di pensare dello *status quo*. Servono ad acquietare una mentalità populista che si accontenta del facile compito di «appoggiare le differenze etniche e di sesso nell'arte», invece di cercare, cosa più ardua, l'eccellenza vera. Gran parte dell'«arte» che vien fuori da questi programmi è prolisso kitsch «paritario». Alla gente piace più o meno per le stesse ragioni per cui le piacciono i cartoncini di auguri con gli aironi stile giapponese e le frasi di filosofia alternativa. La fa sentire... bene. Attuare, in base a criteri sociologici e statistici, un programma culturale distensivo, appoggiandolo con i motti di rito sul «mettere in grado», è certamente lecito. È una cosa perfettamente conforme alla tradizione evangelica della vita culturale americana – all'idea che produrre o consumare arte eleva moralmente, edifica, rende cittadini migliori. Ma l'arte promossa da questo programma può essere, e spesso è, piuttosto banale. E il multiculturalismo populista può mutarsi rapidamente in una forma di razzismo alla rovescia, come sa ogni artista bianco maschio che ultimamente abbia fatto domanda di sovvenzione nella California meridionale. Cosa accade all'incrocio tra i fondi pubblici per l'arte e il multiculturalismo populista? Il ricatto morale, con gli occhi puntati sul barile delle sovvenzioni.

Se il governo largisse un sacco di soldi all'arte, in modo che a ognuno toccasse la sua parte, questo potrebbe importare poco. Ma, come è noto, il governo non fa niente del genere. La manna si riduce a poche briciole. In America il contribuente versa a sostegno dell'arte 0,68 dollari all'anno, contro i 27 della Germania e i 32 della Francia. In Olanda sperimentano da vent'anni la manna populista per tutti. Il governo ha istituito un fondo per l'acquisto di opere d'arte indipendentemente o quasi da ogni criterio di qualità. Conta solo che l'artista sia olandese e vivente. Nella raccolta così messa insieme sono rappresentati circa ottomila artisti olandesi. Nessuno li espone, e, come in Olanda ammettono ormai tutti tranne gli artisti interessati, il 98% delle opere sono porcherie. Ciascuno degli artisti pensa che sia tutto ciarpame, tranne la sua propria opera. Le spese di magazzinaggio, climatizzazione e manutenzione sono diventate tali che bisognerebbe sbarazzarsi di tutto, ma non si può: nessuno vuole quella roba. Non si riesce nemmeno a regalarla. Hanno provato a darla a istituti pubblici, tipo ospedali e manicomi; ma anche i manicomi esigono un minimo di qualità, vogliono scegliere. Sicché la raccolta sta tutta lì, democratica, non gerarchica, non elitaria, non sessista, invendibile e, con grave rammarico del governo olandese, solo parzialmente biodegradabile.

Da tutto questo si possono ricavare alcune lezioni. La prima è che se gli ospedali psichiatrici olandesi possono essere selettivi in fatto d'arte senza essere accusati di elitarismo antidemocratico, lo stesso dovrebbe valere per i musei americani. Il compito della democrazia, nel campo dell'arte, è di proteggere l'elitarismo. Non un elitarismo basato sulla razza o il denaro o il rango sociale, ma sul talento e l'immaginazione. Bravura e intensità di visione, insieme, sono la sola cosa che renda l'arte popolare. In sostanza è per questo che il Rijksmuseum è pieno di gente, e le benintenzionate gallerie-scantinato di Amsterdam no. I più grandi spettacoli popolari d'America sono elitari fino al midollo: rugby, baseball, pallacanestro, tennis. Ma nessuno è disposto a pagare per vedere me che faccio gli 800 metri stile libero in 35', nonostante la mia posizione privilegiata di maschio europeo bianco non-propriamente-morto. Come lo sport, l'arte è un campo in cui l'elitarismo può avere libero corso a un prezzo trascurabile in termini di danno sociale.

La seconda lezione è che se una scrupolosa democrazia partecipativa come l'Olanda spende per la cultura venticinque volte più dell'America per ogni contribuente, promuovendo l'arte su basi sociologiche in nome di un perfetto egalitarismo culturale, e si ritrova con un problema di smaltimento di rifiuti, che garanzia c'è che qui da noi riusciremo a far meglio? Che io sappia, nessuna.

Discriminare è nella natura umana: facciamo scelte e diamo giudizi ogni giorno. Queste scelte sono parte dell'esperienza concreta. Naturalmente vengono influenzate dagli altri, ma in sostanza non sono il prodotto di una reazione passiva all'autorità. E noi sappiamo che una delle esperienze più concrete della vita culturale è quella dell'ineguaglianza fra libri, esecuzioni musicali, dipinti e altre opere d'arte. Certe cose ci colpiscono più di altre – ci appaiono più articolate, più illuminanti. Possiamo avere difficoltà a spiegare perché, ma l'esperienza rimane. Il principio del piacere, in arte, ha un'importanza enorme, e quelli che vorrebbero vederlo declassato a favore di pronunciamenti ideologici mi ricordano i puritani inglesi, che avversavano il circo dell'orso contro i cani non perché facesse soffrire l'orso, ma perché dava piacere agli spettatori.

Per esempio, il mio hobby è la falegnameria. Me la cavo decorosamente, per un dilettante. So fare, cioè, un cassetto che scorre, e armadietti da cucina con una tolleranza di un paio di millimetri; niente di abbastanza buono per essere buono davvero, ma comunque passabile. Amo gli utensili, l'odore dei trucioli, il ritmo del lavoro. So che quando vedo uno stipo Hepplewhite in un museo, o una casa in legno a Sag Harbor, posso leggerli – capirne la struttura, apprezzarne le finezze – meglio che se non avessi mai lavorato il legno con le mie mani. Ma so anche che le mani morte che fecero l'aggetto centrale dell'uno e la veranda dell'altra erano molto migliori delle mie; sagomavano modanature più belle, si intendevano di dilatazione, e le loro impiallacciature non avevano bozzi. E quando vedo com'è lavorato il legno in una struttura giapponese quale il grande tempio di Hōryūji, la precisione degli incastri, la sapienza nel trattare il cipresso *hinoki* come materia viva, so che non potrei fare niente del genere neanche se avessi ancora tutta la vita davanti. Chi sa fare cose simili è un'*élite*, e si è guadagnato il diritto di esserlo. A me, con i miei angoli da taglialegna a 89 o 91 gradi, questo riempie forse l'animo di rancore? Assolutamente no. Reverenza e piacere, piuttosto.

Mutatis mutandis, nella scrittura e nelle arti visive è la stessa cosa. Si impara a discriminare. Di giorno non tutti i gatti sono bigi. Dopo un po' si riesce a vedere, per esempio, perché un disegno di Pater o di Lancret è diverso da uno di Watteau di soggetto identico: meno tensione nel tratto, un che di sfocato e approssimativo, e così via. Questo viene dall'esperienza, così come è l'esperienza a consentirci di percepire e valutare la bravura di un giocatore di pallacanestro o di un tennista. Queste differenze di intensità, di significato, di grazia non possono essere enunciate in un catechismo o in un ricettario. Possono solo essere sperimentate e discusse, e poi viste in relazione a una storia che comprende la storia sociale. Se il museo fornisce le basi per questo, fa il suo mestiere. Se agisce altrimenti – lasciandosi per esempio distrarre da problemi ideologici fuori posto – non combinerà probabilmente nulla di buono, per quanto possa crogiolarsi nella confortante sensazione di essere al passo coi tempi. Analogamente chi dirige un museo, attenendosi scrupolosamente a criteri artisticamente e intellettualmente rigorosi, rende un servizio non solo al pubblico ma all'artista, *sia questi rappresentato o no nella collezione*. Questa norma non è codificabile, ma è o dovrebbe essere disinteressata, e ci sono due modi sicuri di violarla. L'uno è di lasciare che il mercato artistico detti i suoi valori al museo. L'altro è di trasformare il museo in un campo di battaglie che vanno sì combattute, ma nell'arena politica. Solo se resiste a entrambe queste tentazioni il museo continuerà ad assolvere il compito di aiutarci a scoprire una grande, ma sempre parzialmente perduta civiltà: la nostra.

NOTE

PRIMA CONFERENZA

1. Si veda Cathy Young, *Victimhood Is Powerful: Both Feminists and Antifeminists See Advantages in Keeping Women Down*, in « Reason », ottobre 1992.

2. Nat Hentoff, *What Really Happened at Betty's Oceanview Diner*, in « Village Voice », 7 gennaio 1992.

3. Adam Redfield, lettera al « New York Times » del 22 novembre 1991.

4. Barbara Ehrenreich, in « Democratic Left », luglio/agosto 1991; ripubblicato in Paul Berman, a cura di, *Debating PC: The Controversy over Political Correctness on College Campuses*, Dell, New York, 1992, p. 336.

5. Nat Hentoff, *'Speech Codes' on the Campus and Problems of Free Speech*, in « Dissent », autunno 1991, p. 546.

6. *Ibid.*, p. 549.

7. Tom Wicker, *The Democrats as the Devil's Disciples*, in « The New York Times », 30 ottobre 1992.

8. Michael Thomas, *The Money Game*, Introduzione al catalogo di *Culture and Commentary, An Eighties Perspective*, Hirshhorn Museum, Washington, 1990, p. 147.

9. William Greider, *Who Will Tell the People: The Betrayal of the American Democracy*, S&S Enterprises, Bellevue, 1993, p. 25.

10. Seymour Martin Lipset e Earl Raab, *The Politics of Unreason: Right-Wing Extremism in America, 1790-1970*, ADL, New York, s.d., p. 103.

11. *Ibid.*, p. 114.

12. *Ibid.*, p. 239.

13. P. Berman, Introduzione a *Debating PC*, cit.

14. Carol Gruber, *Mars and Minerva – World War One and the Uses of the Higher Learning in America*, Louisiana State University Press, Baton Rouge, 1975; William Summerscales, *Affirmation and Dissent: Columbia's Response to the Crisis of World War I*, Teachers College Press, New York, 1970; entrambi citati da Cyrus Veeser in una lettera al « New York Times » del 23 giugno 1991.

15. Daniel J. Singal, *The Other Crisis in American Education*, in « The Atlantic Monthly », novembre 1991, p. 67.

16. Eugene Genovese, *Heresy, Yes – Sensitivity, No*, in « New Republic », 15 aprile 1991.

17. Louis Menand, *Lost Faculties*, in « New Republic », 9 luglio 1990.

18. Gerald Graff, *Literature Against Itself: Literary Ideas in Modern Society*, University of Chicago Press, Chicago, 1981, pp. 96-97.

19. Daniel Harris, *Make My Rainy Day*, in « The Nation », 8 giugno 1992.

SECONDA CONFERENZA

1. Andrew Riemer, *Inside Outside*, Angus & Robertson, Sydney, 1992, p. 157.

2. Les Murray, *The Human-Hair Thread*, in *Persistence in Folly: Selected Prose Writings*, Sydney, 1984, p. 4.

3. David Rieff, « Making Sense of Multiculturalism », saggio inedito, 1992.

4. Katha Pollitt, *Canon to the Right of Me...*, in « The Nation », 23 settembre 1991.

5. Frederick Crews, Introduzione a *Critics Bear It Away: American Fiction and the Academy*, Random House, New York, 1992, p. xv.

6. Edward Saïd, *The Politics of Knowledge*, in « Raritan », estate 1991.

7. Jorge Amado, *El embeleso colonial*, in « El País », 23 agosto 1992.

8. Gli *African-American Baseline Essays* sono reperibili presso Matthew Prophet, Portland Public Schools, 501 N. Dixon St., Portland, OR 97227.

9. Cheikh Anta Diop, *Civilisation ou Barbarie*, Paris, 1981 [trad. ingl. *Civilization or Barbarism: An Authentic Anthropology*, L Hill Bks, New York, 1991].

10. Basil Davidson, *Africa in History*, Phoenix, London, 1984, p. 38.

11. C.A. Diop, *Civilization or Barbarism*, trad. ingl. cit., Introduzione, p. 3.

12. Sul nuovo antisemitismo negli ambienti afrocentristi si veda Henry Louis Gates Jr., *Black Demagogues and Pseudo-Scholars*, in « The New York Times », 20 luglio 1992.

13. David Brian Davis, *Slavery and Human Progress*, Oxford University Press, New York, 1986, p. 33.

14. Si veda Harold Brackman, *Farrakhan's Reign of Historical Error: The Truth Behind "The Secret Relationship Between Blacks and Jews"*, Simon Wiesenthal Center Reports, 1992.

15. Si veda Roland Oliver, *The African Experience*, Pimlico, London, 1991; in particolare, per la riduzione in schiavitù degli africani da parte di altri africani, il cap. x, « Masters and Slaves », *passim*.

16. E.J. Hobsbawm, a cura di, *The Invention of Tradition*, Cambridge University Press, Cambridge, 1983.

TERZA CONFERENZA

1. Richard Bolton, *Culture Wars: Documents from the Recent Controversies in the Arts*, New Press, New York, 1992, Introduzione, p. 9.

2. La testimonianza di Healy: *ibid.*, pp. 130 sgg.

3. John Wicklein, *The Assault on Public Television*, in « Columbia Journalism Review », gennaio/febbraio 1986, pp. 27-29.

4. Sull'argomento del gusto artistico nell'Ottocento e sulle sue radici evangeliche il saggio più interessante, al quale mi sono abbondantemente ispirato, è Neil Harris, *The Artist in American Society: The Formative Years, 1790-1860*, University of Chicago Press, Chicago, 1982.

5. Rochelle Gurstein, *Misjudging Mapplethorpe: The Art Scene and the Obscene*, in «Tikkun Magazine», novembre/dicembre 1991.

6. Adam Gopnik, *Empty Frames*, in «The New Yorker», 25 novembre 1991.

7. Si veda il catalogo *The West as America: Reinterpreting Images of the Frontier, 1820-1920*, a cura di William Truettner, con saggi di Nancy K. Anderson *et al.*, Smithsonian Institution, Washington, 1991.

8. Si veda Eunice Lipton, *Here Today, Gone Tomorrow? Some Plots for a Dismantling*, nel catalogo di *The Decade Show: Frameworks of Identity in the 1980s*, New York, 1990.

9. Si veda il catalogo di *Jean-Michel Basquiat*, Whitney Museum, New York, 1992, *passim*.

gli Adelphi

FINITO DI STAMPARE NEL MAGGIO 2003
DALLA TECHNO MEDIA REFERENCE S.R.L. - MILANO

Printed in Italy

gli Adelphi
Periodico mensile: N. 228/2003
Registr. Trib. di Milano N. 284 del 17.4.1989
Direttore responsabile: Roberto Calasso